组块教学·智慧教师研修书系 成尚荣 主编

点亮生命的儿童写作教学

金洁萍 著

江西教育出版社
JIANGXI EDUCATION PUBLISHING HOUSE

图书在版编目（CIP）数据

点亮生命的儿童写作教学 / 金洁萍著 . — 南昌 : 江西教育出版社 , 2021.1

ISBN 978-7-5705-1653-7

Ⅰ . ①点… Ⅱ . ①金… Ⅲ . ①作文课—教学研究—小学 Ⅳ . ① G623.242

中国版本图书馆 CIP 数据核字 (2020) 第 007411 号

点亮生命的儿童写作教学
DIANLIANG SHENGMING DE ERTONG XIEZUO JIAOXUE

金洁萍　著

江西教育出版社出版
（南昌市抚河北路 291 号　邮 编：330008）
各地新华书店经销
安徽联众印刷有限公司印刷
700 毫米 ×1000 毫米　16 开本　12.25 印张　字数 163 千字
2021 年 1 月第 1 版　　2021 年 1 月第 1 次印刷
ISBN 978-7-5705-1653-7
定价 : 35.00 元

赣教版图书如有印装质量问题，请向我社调换　电话 : 0791-86710427
投稿邮箱 : JXJYCBS@163.com　　电话 : 0791-86705643
网址 : http://wwww jxeph.com.

赣版权登字 -02-2020-287

推开门后的新发现

——为“组块教学·智慧教师研修书系”而作

今天清晨，降温了，很舒适，我的心情颇好。坐在窗前的书桌上，我翻阅苏州吴江盛泽实验小学（简称盛泽实小）的书稿——“组块教学·智慧教师研修书系”，心情更好，在舒适外，还有很多的惊喜，像是吹来阵阵凉风，送来股股清新的空气，读着书稿，似乎我也生长了一些智慧，因为智慧是对情境的认知、辨别和顿悟。而盛泽实小的教师研修书系，本身就是一种情境，这一情境特别真实、丰富和生动。

还有另一种感觉，那就是读盛泽实小的教师研修书系，像是推开了一扇门。尽管不知多少次走进过盛泽实小的校门，但是，这次感受不同。书系这扇门，更宽敞，更明亮，更宏大，也更灿烂。这扇门是文化之门、思想之门、智慧之门，它虽是抽象的，却是丰富的，因为日常所有的生活都凝结在一起，折射出盛泽实小教师的情怀、哲思，以及他们耕耘着的田野上飘逸着的文化。这扇门是开放的，却也是需要推开的。轻轻推开，才会在一刹那有新的发现与感悟，原来，推开门就是打开边际，才会听到“边际”上的对话，触及学校的“内在秩序”，感受“在一起”的力量，盛泽实小的书系又一次唤醒了我的耳朵，让我倾听那美妙的旋律。

不妨把盛泽实小教师研修书系看作是教师的“人间词话”。于是，王国维所辑词话的三重境界浮现在我的眼前：“昨夜西风凋碧树。独上高楼，望尽天涯路。”“衣带渐宽终不悔，为伊消得人憔悴。”“众里寻他千百度，蓦然回首，那人却在，灯火阑珊处。”盛泽实小人已用书系搭建了阶梯，向着这三重境界攀升，书系也正是这三重境界的真实写照。在这个时代，我们的教师，我们的学校需要有自己的“词话”。

推开门，首先看到的是校长薛法根，因为他总是站在“校门口”——学校的前端和高处。说到盛泽实小，薛法根是一个绕不过的人，因为有了薛法根，才有了这一书系，才有了今天的盛泽实小。站在校门口，我最想说的是一句老话：一个好校长可以成就一所好学校。的确，历史与现实不止一次地证明，一个好校长之好，在于他和教师一起创造了学校的文化，恰恰是文化上的进步，才使学校迈向自由的境界；好校长之好，还在于他让教师成为创造者，而教师又去创造课程、教学，创造学校，“创造”学生。薛法根的确是一个好校长，他是伟大的。帕克·帕尔默说：“伟大的事物，不在于别的，而在于主体，在于自己。”薛法根用他所坚守的智慧教育建构了学校的核心主张，用他所坚守的语文组块教学影响并引导了学校的课程改革、教学改革。“组块”已成为结构、关联、融通、跨界学习的代名词，成为学校课改、教改的核心理念。依我看，薛法根用自己的情怀，用自己的智慧，用自己的行动，诠释并践行了“教师第一”的理念与思想。薛法根是好校长，是名校长，是智者。我们应该向他致敬。

推开门，还应该说点“新话”，“新话”是教师在书系里的所思所言，所彰显的是教师发展的理念和主张，其实这些“新话”都是在老话中生长起来的。

“组块教学·智慧教师研修书系”告诉我们，首先，教师发展源自生命，教师发展是为了丰盈生命，提升生命的价值与意义。教师发展的“第一动力”应是内生力，是生命的创造力。丰盈的生命和心灵，激发教育的新发展和真学问的出现。书系为教师发展开辟了一条新路，那就是视野要广，格局要大，格调要高，境界要高。王国维说：“有境界自成高格。”换个角度看，生命力源自对价值的认知、澄清与选择，用书系里的话来说，就是要寻找自己的边际，建构自己的价值坐标，让价值照耀自己的天空。

其次，教师发展源自宗旨，宗旨犹如人生和教学的指南针。教师离不开学科，离不开教学，学科教学是教师发展的基地，甚至可以说是教师发展的摇篮。盛泽实小的教师非常清楚，发展自己、提升自己，是为了学生，并且与学生共同成长；而学科的宗旨是育人，学科育人、教学育人是教学的指南针，也是教改的准绳。这一宗旨催生了教师的使命感。盛泽实小的教师对学科育人有自己的理解，那就是要明晰教学的“内在秩序”，教改的深意在于重建学科教学的“内在秩序”。指南针也好，准绳也罢，使命也好，“内在秩序”也罢，盛泽实小有自己独特的表达：组块教学，以及由组块教学所引发的联结性教学。他们基本上已寻找到学科育人的校本化实现方式，正是在这样的过程中，教师的发展得以优化。

再次，教师发展的深度源自研究、实验与提炼。这一书系让我特别有感触的是，每一本书都有一定的深度，理性思考的水平明显提升。深度从何而来？书系告诉我们，其一，要坚守实践。永远不离开“田野”，永远扎根在大地上，从丰厚的实践土壤里汲取营养和力量。其二，要研究。“笔尖下的教育生活”要研究，多觉联动音乐教学要实验，综合实践活动也需要探索。有研究，才会有深层次的思考。在盛泽实小，研究已成为教师学习、工作的方式，这真是可喜可贵。其三，要总结、概括、提炼。从经验感悟走向理性思考，从实践走向理论，从散状走向结构，走向体系建构。他们注重在感性的基础上加以梳理、概括和提炼，概括是有序、有效的，提炼是有深度和力度的。这一书系就是一个极好的典型。值得注意的是，盛泽实小的教师从不同的角度去认识、剖析伙伴与伙伴德育，尤其是对道德学习、对话世界做了有深度的提炼，研究性、学术性明显加强。与此同时，他们探索了伙伴德育的不同途径和方式，发现了“在一起”的力量。这一研究前景很好。

最后，表达方式上的多样化，使书系显得亲切、丰富，阅读时犹如与作者促膝谈心，又犹如聆听一次倾诉。美国伦理学家麦金太尔说：“人在他的虚构中，也在他的行为和实践中，本质上都是一个说故事的动物。”而赵汀阳认为，文化就是一个故事。读着书系里的故事，仿佛一个个活生生的有内涵的教师站在我面前，故事里透射出来的哲思，令我好感动啊！向盛泽实小的教师致敬。

“新话”是创新、创造后的言说，言说源自心灵的感悟。美丽的心灵，带来推开门后的一片风景、一片思想的丛林、一片更加美好的开阔地。最后，我最想说的是：盛泽实小，你好！

成尚荣

2019年9月19日

文字点亮的教育人生

阅读不仅是生存的需要，还是心理或精神的需求。在纷杂的现世静下心来，捧起书本，那最朴素的文字，春雨润物般悄无声息地塑造着我们的灵魂，使我们的心田得到滋润，使我们的精神得到飞扬。于是，人就在这样的阅读中汲取了营养，气质高雅起来，涵养深厚起来；人就在这样的阅读中增长了知识，明白了事理，点亮了人生。

回想自己工作的十多个年头，是那些经典的教育著作、名师传授的经验和教学理念，让我逐渐走近小学语文教学。

《于永正语文教学实录荟萃》中的一个个教学实录，让我看到了于老师指导朗读的功底之深、方法之妙。于老师总能以自己的示范朗读感染学生，借助不同方式的读，引导学生不离课文、不离读书。对于曾经初上岗的我来说，这无疑是指明了一条“阳光大道”：小学的语文课要引导学生在读中感悟，从课文中质疑又在课文中寻找答案，让学生在读中求懂，在读中学会，在读中获得学习的能力。

品读薛法根老师的《为言语智能而教——薛法根与语文组块教学》《薛法根教阅读》《做一个大写的教师》等专著，我才豁然开朗。曾经一直困扰我，觉得难教的课文，原来薛老师是这样设计教学的。原来任何方法都是要像这样循序渐进有层次地教深、教透，再加以辅助训练，才能实现由方法运用到能力形成的转化。

通过阅读管建刚老师的《我的作文教学系列》《我的作文训练系统》《我的作文教学课例》《管建刚和他的阅读教学革命》，我明白了每日记录素材、上好作后讲评课对学生而言是多么重要。管老师提出的指向写作的阅读教学，让我领悟到只有使其经历从内容理解到写作表达，学生才能获得言语表达能力的提升。

有了阅读就会实践。在实践中，自己也在不知不觉改变着。最初的实践就是模仿，照着名家的做法来做，照着名家的教法来教。当然，我还会针对自己班上学生的实际情况做出调整，有所拓展延伸或是缩减内容、降低难度。渐渐地，看了名家好的教学方法后，我会有所整合、加工和再创造，从而达到最优的教学效果。科研与教学合二为一，融为一体，才能在工作中获得双赢。

有了阅读就不寂寞。阅读，给了我一个独处的世界，带领我进行自我思考、自我发现。在有限的时间里欣赏无限的美景，这就是书香弥漫的人生岁月，人生也必定更加精彩。

作为语文教师，我坚信要教会学生用语言文字进行表达，教师自身就应该具有丰厚的写作素养，掌握一定的写作规律，通晓写作训练的程序。语文教师只有会写、善写，才能用自己的写作热情带动学生积极动笔表达，向学生提出适合他们年龄特点的写作要求，切实有效地指导学生写作，在批改、讲评写作时，抓住关键，批在点子上，改在关键处。教师只有自己经常写作，才能摸索出写作的门道，积累丰富的写作经验，将写作理论与实践相结合，以自己的切身体验、总结的宝贵经验、悟得的方法技巧融会贯通，并教给学生。

这么多年来，我始终没有放下手中的笔。写读后感，用文字留下自己的思考；写教学随笔，反思自己的教学；写教学论文，阐述自己的观点与实践，看到自己教学的轨迹，留下自己成长的足迹；在班级作文报的一角发表自己的下水文，以身试教，在写作教学中真正让学生学有所得，点亮学生的写作人生。

从2018年到2019年，我把自己所写的关于儿童写作的论文和积累的实践材料重新做了梳理，表达我对儿童写作的认识与理解。我想说，儿童写作，不仅仅是关注写作知识和技巧，更多是追寻一种儿童精神、“看见”人的成长！让学生易于动笔，乐于表达，抒发真情，学做真人，真正实现写作成为学生生命本真的自由表达与交流。只有具有心灵的敏感力，大胆、自由地写“真话”作文，才能在平淡而又真实的生活中寻觅美好，让这些不起眼的小事也流淌出真情真味道，才能让写作融入自己的生命成长。我还想说，作文教学是不是作前指导得越细越好呢？其实，更多时候我们需要重视作后讲评，以写定教，真正意义上体现以生为本。怎样上好作后讲评？不只是要老师的“讲”，还需要学生的“练”。写好人物的对话、动作、心理，都需要分步骤、小步子训练；聚焦“心灵的敏感力”“语言的表现力”“篇章的架构力”，可以运用多种技巧与教学策略，让作后讲评课更有趣味。以上这些内容在本书前四章都有涉及。书中第五章整理出了我外出上作后讲评课的几个课例，以实录、教学设计的形式体现作后讲评课聚焦目标、练中有得的特点。

我写这本书，是希望能有更多的人了解儿童的作文，推开作后讲评“这扇窗”，看到更远的风景！

目　录

第一章　儿童写作的研究路径

探究儿童写作，我们就要从认识儿童开始，借助文字，站在更高的思想平台；做好笔记，留下值得借鉴的理念；留存经验，珍藏教育教学的故事。阅读、摘录、手记，从学习别人的经验到总结自己的实践感悟，有了这样的“三部曲”，我们才能有更宽广的视野，有更丰富的视角，有更深刻的思想，真正站在儿童的立场，以儿童的眼睛、儿童的思想、儿童的语言来看待儿童的表达。

第一节　课堂教学后记

师范毕业时，天真的我以为踏上工作岗位，就不用面对考试，也不用面对写作，只要教好我的书就行了。写作这件事从此与我脱离了关系。

一毕业，我就进入了盛泽实验小学工作，学校要求新上岗的教师对每篇课文的教学写教学后记。这时，我才发现自己想错了。不用写作文，却要写教学后记，这真是脱离了苦海，却又跳入另一个火坑。教学后记怎么写？在师范学校里没有学过。于是，我只能硬着头皮，按照自己认为的形式来写，也不知自己所理解的教学后记是否正确。

教学后记就是记录自己教学的流程？最初，我写的教学后记就是记录下自己教这篇课文的步骤或是其中某一个板块的教学过程。记录中关注的对象只有我自己，记录的内容就是怎样教的流程。这样的教学后记与备课所写的教案相比，差别仅仅在于前者是用概括性的语言笼统叙述了教学的步骤，而后者则是更细化、分小点罗列教学的一个个环节。就这样写了几篇教学后记后，我不禁开始质疑：教学后记难道就是写下我教这一课或是某一个板块时，首先教什么，接着教什么，教到某一部分内容时，我又怎么引导、点拨学生？如果是这样的话，那教学后记不就成了对教案内容的概括性叙述，成了教案的一个缩影？细细想来，这样的教学后记似乎没有意义，也没有价值，更不会有助于自己在教学上的成长。

教学后记要基于学生的学习成效融入自己的思考，才会有价值！

因为对自己所写的教学后记有了内容上的质疑，我便开始借阅教学类杂志，阅读名师出版的书籍，学习网站上一些教师发帖上传的教学后记。原来，教学后记不光是记录教学的流程，更为关键的是要融入自己的思考。给自己的教学打个问号：我为什么这么教？这样教的效果怎样？学生有怎样的收获？我恍然大悟，原来只有这样的反思，我的眼里才能看到学生，我才能真正把学生——学习的主人这一角色视为我的教学后记中最重要也是最需要关注的对象。我记录的不应该只是一个教学的流程，还应该从学生的学习效果中反思我教的内容是否是学生所需要的，是否有助于提升学生学习语文的能力；我教的方法或策略是否正确，是否合理；如果存在问题，那么应该有怎样的实施对策；发现问题，并能想到解决问题的方法，在下次出现类似问题的时候，试着用想到的方案进行实践，验证自己设想的方法是否有效。如果有效，那就是自己收获了一个教学策略，如果还存在不足，那么再想对策，再实践，再反思……如此反复，不管是成功的案例还是失败的案例，有了这样的思考，用文字记录下来，那就是经验的积累。年复一年，日积月累，我想这些文字应该会是我最大的财富了吧！就这样，我的教学后记开始着眼于学生，学生懂了，会了，才能证明我教得得法；学生听说读写的能力有所提高了，才能证明我教得有成效。只有心里装着学生了，才能看得到自己的成败得失，才能在教育教学路上不断前进！

教学后记要记录课堂中及时生成的教学资源，才会有意义！

上的课多了，教书的日子长了，会发现课堂永远不会与我们备课时所预想的一模一样。每一位学生都有着不同的认知水平，富有个性化的思想意识、理解和感悟能力。由于小学生的年龄特征和知识水平，又决定了在阅读教学中，学生独特的感受、体验和理解难免会存在一定的偏颇、缺陷乃至失误，我们当然无须避免，因为这就是真实的课堂。正是因为课堂上有了这样那样的“小插曲”，才能锻炼我们的教学机智，才会捕捉那些出乎意料的有价值的“生成”，及时应对，巧妙引导，留下令人回味的瞬间，形成课堂教学的智慧。有了这样的认识，我会关注课堂上的这些“生成”，写成我的教学后记，并且通过回忆、反思，总结自己在课堂上处理的应对策略是否完美，当时应该怎样点拨、怎样引导会有更好的教学效果。于是，这样的教学后记更全面地折射出了课堂上的奇光异彩。记得有一次，我在教《富饶的西沙群岛》时，一位学生在读“大龙虾全身披甲，划过来，划过去，样子挺威武”一句话时，把“划过来，划过去”读成了“划来划去”。在这个语境中，作者为什么不用“划来划去”呢？我们不妨停下教学脚步，跳出教案，请学生品一品两个词语的不同，体味文本用词的准确、巧妙。于是就有了我下面的一段教学后记：

师：如果把××同学刚才读的“划来划去”放入课文中，句子也通顺，也表现出了大龙虾的活动，为什么作者一定要写“划过来，划过去”呢？

（教室里一下子静默了）

师：请你把“划过来，划过去”和“划来划去”两个词语分别放入句子中对比读读，联系具体的语境，体会两个词语不同在哪里？

（学生对比读后，还是没人举手）

师：现在听老师来读句子。大龙虾全身披甲，划过来，划过去（语速放慢，拖长声调，逗号有停顿），样子挺威武。大龙虾全身披甲，划来划去（语速较快），样子挺威武。

生1：“划过来，划过去”表现了大龙虾移动的速度慢。

生2：课文中说了“大龙虾全身披甲”，所以不会是“划来划去”，行动没有这么快的。

生3：大龙虾很威武，它故意这样慢慢移动，显出它很神气。

师：同学们真会读书，通过对比、联系前后内容，找寻到了词语背后隐藏着的奥秘。我们今后在写作中，也要像作者一样，结合具体的语境，仔细辨别一下，用哪个词语表达更为恰当。

面对学生不期而至的“错误”，我们不应该批评，更不应该搪塞而过。像这堂课上，我就是紧紧扣住学生读错的词语，在引导学生体会“划过来，划过去”和“划来划去”的差别后，让学生感受用词的恰当、巧妙，学生自然而然地就能把课文读准确、读出感情来。由“错误”联系到对文本字词的斟酌，让学生在主动积极的思维和情感活动中有所思考，获得更深层次的独特的理解、感悟和启发。也许我们会不禁赞叹这个“错误”太有价值了！教师的智慧在于既帮学生改正了错误，又保护了学生的自尊心，更能拓展延伸，使所有学生都能从中有新的发现、新的领悟、新的收获。学生出错并不可怕，怕的是没有得到正确的引导。所以，教师要用智慧去正视学生的错误，让错误也有价值，这样的学习过程才是一种充满魅力和激情的探究活动。

善于发现错误背后隐含的教育价值，引领学生从错误中求知、从错误中探究，那就是教师的教学智慧。教学后记，是教师及时记录下课堂上随时生成的教学资源。记录下一个个智慧的片段，才能让教师变得睿智，才能让教学的精彩永不流逝！

教学后记围绕一个主题来写，才能有深度！

每天做着教书育人的事情，每月写着教育教学的后记，渐渐地，我手边记录的素材多了。一段时间下来，我也积累了不少的随笔、后记，可是每到期末，学校要求上交期末论文时，却发现这么多篇小文章却没有办法拼在一起，形成一篇论文。为什么会陷入这样的囧境呢？我开始思考。后来终于想明白了，原因在于我们记录教学后记、教学随笔时，这篇课文的教学反思围绕这个主题，那篇课文的教学反思围绕那个话题；这个月谈了这个教学理念，下个月又扯了那个教学思想，零零散散，不是同一个主题的内容，所以无法用一条主线将这些平时记录的素材像珠串一样连接起来，到期末交论文时总是觉得一个学期好像一点成绩都没有。那为什么不能让每个月的随笔都体现出它的价值呢？于是，我开始有计划做事，有的放矢写后记。每个学期初，我就思考好这个学期研究的主题，制定好计划，接下来每个月的随笔就围绕这个主题来写。一个学期四个月就有了好几篇教学后记，期末把这些教学后记做整理、筛选、串联，就成了一篇论文。这样把任务平均分配在每个月，期末要完成论文就不觉得任务繁重与痛苦了。当然，最初确定的写作和研究的主题很关键，它决定了这个学期研究的方向、实践的内容。因为有了这个指挥棒，我就会在平时的教学中特别关注与这个主题相关的教学实践活动，成功也罢，失败也罢，有了这样的经历，就会带给自己点滴的感受或是领悟，展现最真实的教学。

记得有一次，我看到一篇文章提到了教育学生应该在“慢”中等待学生的成长，非常赞同。联系我们的语文教学，其实也需要放慢脚步。心中有了这个话题，我就多了个心眼，寻找这样的教学实例。在听新教师上《台湾的蝴蝶谷》时，因为教学内容太多，学生配合着教师一会儿画，一会儿表演，每个环节都匆匆而过，教学效果可想而知。这就让我想到了放慢脚步教学，首先要聚焦，为课堂内容“瘦身”。后来，我外出听课，有一位教师上《第一次抱母亲》，先是充分引导、点拨；接着创设情境，激发学生的情感体验；之后联系生活以情感迁移伴随朗读，让学生从字里行间体会母亲对子女满满的爱。看到这个环节，我联想到了我的论文，放慢脚步，需要细细酝酿，让情感在语言文字中流淌。再结合自己的教学片段，我从“静默：给思维留下足够的空间”和“守望：让能力在困境中生长”这两个方面谈论了如何让语文教学放慢脚步。这样就初步写成了论文《静待花儿的绽放，聆听花开的声音》，获得2011年江苏省“教海探航”征文比赛二等奖。后来，我每一个学期都按照这样的方法，围绕主题写教学后记，把教学后记整理成论文，因为有了观察、实践、反思，作有备之战，所以相比临时抱佛脚写出来的论文，质量肯定是要高很多。这么多年，我在“教海探航”征文比赛中收获的一张张证书证明了平时教学后记的点滴积累是多么重要。

教学后记，它就像一面镜子，照出了我们教学中的种种现象，让我们通过反思在课堂教学中不断成长。教学后记，用文字记录了我们平日点滴的教学生活，用文字记录了我们即时生成的教学资源，用文字记录了我们实实在在的思考，用文字记录了我们真真实实的研究，让我们在教与研的路上不断前进……

第二节　经典研读摘记

盛泽实验小学教育集团作为苏州市吴江区的一所名校，的确是教师成长的摇篮。学校重视教师的个人发展，为教师的成长搭石铺路。

每年上半年，学校都会邀请两三批专家来学校给我们做一对一的论文指导，提出修改意见，其中也有《江苏教育》《江苏教育研究》编辑部的专家。他们看了我们写的文章，会问："你为什么这样做？有什么理论依据呢？"有时，他们还会评价："这一部分的理论略显得单薄了，没有说服力。"有了理论才能称论文。那么理论从哪里来呢？我们普通教师可能挤破脑袋也想不出所谓的理论。我们从事一线教育教学工作，只有教学实践、教学经验，在论文中写自己怎么做还是简单的，但是要讲明白为什么这么做，这么做有什么理可依，有什么据可循，让别人信服，这还是有难度的。那么如何积淀自己的理论认识？这就需要我们养成爱阅读的好习惯。只能靠阅读书籍，借鉴、吸收、消化名师名家理念，以此来提升自己对教育教学的认识。

于是，我开始了捧起书的日子，为自己不断充电。

"书中自有黄金屋"，这句话说得的确有道理。

看书学习，才有顿悟。原来教一个字，可以从字形的演变探究其背后的含义，以便学生更深刻地识记；原来教朗读，除了示范读外，还可以紧扣关键字词，让学生感悟字词饱含着的情感，以便学生更入情地朗读；原来教课文，除了让学生读明白课文内容外，还要关注言语的表达形式，以便学生发现、学习文字背后隐藏着的表达奥秘……走入书本的世界，才发现之前的自己就如井底之蛙一样，仅仅靠一本教参，思来想去设计教学，有时效果却远不能达到自己预想。名师的那些好的教学策略、技巧，为什么不借鉴学习、迁移运用呢？悟到这些道理之后的日子，在闲暇之余，我就与书为伴，吸收着名师名家的点滴精华。开阔自己的眼界，才能站得高，看得远，我的眼里才不会只有那一方蓝天。

"不动笔墨不读书"，这句话说得的确有道理。

在阅读的时候，总有些文字让我印象深刻。这些文字不仅在我的眼中，也在我的脑海中。然而，过了几天再来回忆那段文字时，却不知在何时，它已经从我的脑海中悄悄溜走。有时回味起那个教学设计，印象中只有一个大概，却缺少了精彩的细节；有时回想起那个教学理论，印象中只有模糊的概念，却没有了精确的表述。怎样才能让文字在心里留得久一点，再久一点呢？我开始拿起笔来阅读。看到教学设计或是实录中的某个教学亮点，我会用曲线标注；看到精辟的理论阐述，我会用直线画下来，在某几个关键词下面还会用着重号强调，有的地方还会写上自己的批注，比如自己的评价、自己的疑惑、自己的感受……阅读完一本教学杂志或是一本书时，随手一翻，白纸印着黑字，黑字四周还有醒目的红笔圈画、批注的痕迹，这也算得上是一道靓丽的风景。在阅读的过程中，有了自己的思考，有了自己的感想，文字就变得更鲜活，更有生命力了。

"好记性不如烂笔头"，这句话说得的确有道理。

备课时，依稀记得曾经在某本刊物或某本书上看到过有关于这堂课的教学设计，很想借鉴学习一下；写论文时，想起这个实践背后的理论可以借用哪位教师说的话作为依据。可是想起了哪一本杂志却记不起是在哪一期；想起了那个书名，却记不起是在书上的哪一页。为此，我又想到了一招——摘录。我会准备不同的本子分别记录不同的书上摘录的内容。比如我会用一本本子专门记录从《小学语文教学》上摘录的内容。本子首页开始的是摘录教学类内容，本子末尾一页往前记录的是有关论文写作类的内容。对于好的教学设计，如果是整篇课文的教学，我会摘录下每个板块的名称，用自己的语言概括每个板块下教学的重点内容，也就是教学的大致流程。如果是某个片段比较精彩，我会用一句话提炼，摘录下一个个教的步骤。对于经典的教学理论，我会摘录下作者的表述或是几个关键的概念。每段摘录后面还要写上第几期、第几页、作者名字。自从2010年加入了管建刚老师的名师工作室，开始跟着管老师办班级作文周报，学着管老师上作后讲评课，我手边关于管老师写的书也逐渐多起来。读了管老师的《我的作文训练系统》，我把书中每一章、每一节下分小点分别训练什么，怎么训练做了简要的摘录。读了管老师的《我的全程带班录》(四、五、六年级)三本书，我又把管老师在每个年级上的每节作后讲评课的教学点、训练内容摘录了下来，最后梳理出每个年级适宜教的句式表达特点、文章构思技巧、语言“病”及课堂训练点。阅读摘录，除了文字形式，还可以是图表形式，比如气泡图、树状图等思维导图，可以更直观、更有条理地梳理出书中各章节内容前后的逻辑关系，以及前后知识点间的联系。摘录的这些本子，就像是一本书的缩小版、精华版，让我更清晰地对每个年段需要教、值得教的写作技巧有了很好的定位，心里有了这条主线，教学上就少走了弯路，上起作后讲评课来就更加游刃有余了。

研读摘记，就像你的影子，跟随着你在书中遨游，留下你阅读的笔记，留下你思考的足迹；带给你源源不断的源头活水，带给你值得回味的经典记忆，带给你最为宝贵的资源“财富”……

第三节　周报编辑手记

自2010年以来，我办了近300期班级作文周报。每年所带的班级，我坚持每周给他们出一期班级作文周报。

在我们班，有一本特殊的作业本——“每日素材”本。学生每天记录一个素材，不少于五六行字。内容不规定，让学生自由选择，记录一天里自己认为最值得写的事件。周末从一周记录的素材中选择一个最深有感触或是最有把握写好的素材，写成一篇作文。写完的素材本，我让学生保存好，到一学年结束时，把自己写的素材本一本本装订起来，自己再亲自动手设计封面，画上一幅画，写上几句自勉的话语……这就是学生自己写的一本“书”。由于所有的写作，我都是不规定题目的，他们的这本“书”中有和同学发生的故事,有和父母的故事,还有自己委屈时的诉说、悲伤时的倾吐、快乐时的流露。这本“书”记录着学生的童年生活,记录着学生的情感世界,记录着学生的纯真梦想……若干年以后,学生再来翻开这本“书”,满满的都是童年的回忆。这是多么有价值的“书”!

每周一,我会从学生选择素材写成的作文中,挑选好的文章。学生对选上的作文进行修改。比如语句是否通顺,用词是否恰当,标点符号是否正确,等等。周二,学生把修改好的作文交给我看过,确认没有问题,在周五之前把作文打成电子稿发到我的邮箱。每周五,我会将邮箱里的作文整理出来,进行排版,放学前请文印室老师帮忙印好,然后把这一期的作文周报下发到每位学生的手里。周末,我和学生回家都需要认真阅读作文周报,做好批注。我要仔细研读学生的习作,找出并记录下这一期作文周报上学生写得好的句子、好的写法、好的构思以及存在的“问题”,然后对记录的内容进行归类、梳理,按照“欣赏”“挑刺”“训练”三个环节,确定这次讲评课的教学目标及在仅有的四十分钟内最值得教的内容和最有价值的写作训练。随后,着手备课,用文字记录我的讲评课设计,用课件记录学生的美篇佳句。

这样的记录不仅仅只是为上好这一堂课服务,还是为在带班的过程中能够清晰地看到自己曾给学生讲过哪些写法技法,还有哪些是没有教的;对于某个写法技巧教到了哪一步,接下去结合学生的作文,还需要怎样进一步教深讲透;对于存在的语病有时并不是讲一次就能根治的,会有反复,第一次指出这个语病时是这样教的,那下一次作为复习时就变换另一种形式来教……正是有了每一次教学的记录,教师才能做到心中有数,让一学期、一学年的教学更有条理,更有系统,从而循序渐进、有条不紊地前进。虽然每堂课教的内容不同,但是暗藏着一条串起来的“线”,有着一定的“序”;即便是教同一个写作技法,也必定不是简单的重复,而是有一定的梯度与深化。绝不是今天讲讲这个写作方法,明天说说那个句式表达,像散点状一样罗列,没有序列化的体系,没有一个聚合起来的核心。

从批改、选作、排版到印制，在整个编辑班级作文周报的过程中，还得做个有心人，不管是素材本上的作文、平时的大作文、小练笔还是周报上录用的文章，对于学生作文中出现的“通病”“大病”，要及时记录下来，以便集中“诊治”，以免学生日后在写作文时再“发病”。比如在批阅学生的大作文时，发现有的学生在文章开头点明的人物特点、品质与文中所写的故事不相符，对于这样的“大病”要记录下来，写明“病状”及开出“药单”。之后特意安排一期周报发表写人物的专题作文，根据这些发表的佳作对应讲解之前记录的“病例”，根除这个“毛病”。

在办班级作文周报的过程中，总会有一些故事，这些故事里总有我的学生，或许是你，或许是他，也或许是所有人……作为“幕后导演”的我，不光是用这张作文报教作文，也是在用这张作文报教做人。利用好班级作文周报，让它发挥隐藏着的育人功效，于是，在我的周报编辑手记中又多了一些育人故事。

周报，激发潜能

史××同学是我们班上的“怪才”。说他“怪”，因为无论你是批评他还是跟他谈心，他总是脸上毫无表情，只是瞪大眼睛，露出两颗大门牙，呆呆地看着你，半天也不说一句话；说他“怪”，因为六年级的大男生还会故意当众抠鼻孔，丝毫不顾自己的“绅士”形象；说他“怪”，因为他总会做出一些令人意想不到的幼稚的事情。

“快看，我要制作药丸了。”作业还来不及做呢，做什么药丸呀？这儿是学校，是教室，又不是医院，也不是药房。哎，我这个同桌幼稚到极点，一天到晚净瞎折腾，做出些令人匪夷所思的举动。随便他做什么吧，我可不要受到影响和牵连，赶紧完成课堂作业好交差。写着，写着，桌子一阵又一阵晃动。我实在忍不住，抬起头来，刚想责骂同桌这么大动静妨碍我写作业了，可是一个字都没说出口，我就被眼前的一幕惊呆了：同桌正拿着尺子在一块完整的橡皮上来回挪动，整块橡皮已经被切成了橡皮丁。我倒有了兴致，想看看他到底“葫芦里卖的什么药”。不一会儿，只见他从课桌里抽出一张张纸巾，每一粒橡皮丁外面都用纸巾包好，桌上堆了十几个白色“包裹”。随后他就开始叫卖：“大家快来买药丸，快来买仙丹……”我真是要晕了，一把年纪还在玩“过家家”游戏，受不了，受不了……

这是他的同桌钱思懿同学写的片段，再来说说我的亲眼所见：午自习铃声已经响了，整幢楼都安静了下来，正是因为静才显得某一处的喧哗声更刺耳，是哪个班级这么放肆？仔细一听，是我们班发出的声音。我带着怒火冲进教室，只见好几位男生围在史同学的周围。“你们看什么热闹呢？连上课铃声都没听到，看什么这么入神啊？”“金老师，史××成伤病员了。”“金老师，你看他的手。”说完，刚才围观的人呼啦一下全回座位了。“受伤了，怎么不去医务室，怎么不来办公室向我报告啊？”看到这群男生们贼眯眯地笑着，再看看史同学涨红了脸，拼命想藏起他的左手。不对，史同学又在搞怪了吧，我一把抓起他的左手：所谓的受伤就是用白色纸巾在手腕上裹了一圈又一圈，红色水笔把纸巾涂得满是红色。乍一看，真像是“鲜血”直流，连白色“纱布”都浸透了。

原来是史同学的这一“杰作”引来了一群男生的“骚动”。就是这位“怪”同学成了许多同学笔下的对象；因为他的幼稚、低情商，他的举动成了许多同学的写作素材。

说他有“才”，因为不见他学习上多用功，可是在数学考试中总是能名列前茅。然而，其他学科就难说了。语文重在平时积累，像他不喜欢看书，又不认真写周记，每次语文单元练习总是处于班级中下游。班上只有三位学生从我接班开始，一年半来从来没有在周报上发表作文，他就是其中之一。

六年级上学期的语文期末考试，他破天荒考了93分。第二个学期开学第一天，我按照惯例，让每小组中上学期语文期末考试分数最高者担任组长，因此，史同学破天荒当了组长。虽然他遭到了班上很多同学的质疑，但是我当着全班同学说了这样一句话：“每个人都在成长，我们不能总是拿旧眼光看待如今的事。老师愿意给史××一次机会,相信他也能做一位称职的组长。”

从那以后,我能觉察到他在一点一点、一天一天地改变着。晨会课上,我也会对他的进步予以表扬,但是总觉得我在“唱独角戏”,力度不够,而且这样的表扬方式太过平常,学生听了一遍、两遍之后就没滋没味了。是不是应该让更多的人来关注他、赞扬他呢?应该让全班同学都来夸夸他,这样不仅夸他的人多了,夸得更全面了,而且用文字记录下这一精彩的转变,对于他来说就是从未有过的荣耀。开学第二周,我特意请学生写写新学期所观察到的变化。正中我意,很多学生写了史××的变化。

节选一:

这个学期初,我们班的“小弟弟”史××同学,经过了一个寒假的苦练,写的字比以前好多了,还受到了老师的夸奖。不仅是在学习上,就连在课上的表现也有了很大的变化。以前史××上课经常会转来转去,与四周的同学讲话聊天,可是现在,他竟然在教室里端正地坐好,认真地听课,就像突然之间懂事了一样。

节选二:

史××的变化让我刮目相看。回想起去年的他,连自己都管不好。课堂上,不是讲话,就是在语文书的插图上乱涂乱画。作业本上,字迹龙飞凤舞。下课后,专门做些无厘头的事情招惹女生。我们女生见到他都要躲得远远的。如今的他,非但在学习上、纪律上有了进步,而且还做了组长。瞧,组员来背课文了,他赶紧拿起语文书,认真听同学们背课文,不放过一处错误。

史××,你真是好样的!

节选三:

以前,他傻乎乎的,每个人都在尽量躲避他,排斥他,总感觉他是一个长不大的孩子,自由散漫又多动。记得他好几次在课堂上被人举报有好多不礼貌和很恶心的行为。老师也在课上说过他好几次，可他似乎听不进去，光给他换同桌都换了好几次了。许多男生还拿他来当“挡箭牌”，他们总会说：“去，去找那些女生玩。”大多数女生看见他，都会马上跑开。以前的他不讨人喜欢。

现在，一个寒假似乎改变了一切，褪去了他那层外壳，让他以真面目示人。以前上课根本看不见他举手，而现在每堂课上都能看见他的手高高举起。原来的嫌弃话语变成了表扬的话语。在这两个星期里，每个人都看到了他的进步和成长。老师赞美他，同学为他感到骄傲。他不再贪玩，已成为真正的六年级学生。

他就是史××。

……

看，这一期周报，他又成了同学们习作中的主角，但不同的是，现在写的不再是他的“搞笑篇”，而是同学们发自内心对他的真诚赞扬。这白纸黑字是他改变的见证，这句句称赞是他继续前进的动力。这群小伙伴的心声，远比老师的一句口头表扬更给力、更震撼人心。

发下报纸的那一刻，我对着全班同学说：“我们班的史××同学成‘大红人’了。这份报纸不仅仅是我们班的同学、我们班学生的家长会看，还有办公室的老师、我邻居家就读其他学校的几个孩子也会看。这一传十，十传百，大家都知道了我们班史××的‘传奇’，真是了不得了。”向来木讷的他，这次脸上泛起了红晕，露出了微笑。

春寒料峭时，总会发现时不时有星星点点的绿意冒出来，不多，但却能给人带来春的希望。

在众星捧月中，他也“冒”了出来……

第三周的周报，出乎意料，史××同学的“处女作”问世了。

视力君,你怎么了?

史××

张老师说:“现在我们做4道题。”这时黑板上有道题是“柳树比杨树多25%”,我看成了“柳树比杨树多20%”,结果我怎么算都不行,就卡在了这题,急死我了。我都在怀疑自己是智力低下还是动画片看多了。这时,老师开始讲答案了,我才发现居然看错一个数字了。“5”和“0”的区别那么大,视力君,你怎么了?

傍晚,我刚出校门。哇,今天运气真好,公交车正缓缓驶向站点。我三步并两步慌忙地上了车。咦,地上有张1元纸币,我弯腰捡了起来。要不要帮忙扔进投币箱呢?“干吗呢?快投钱!”算了,我不多管闲事了,司机都在催我呢。“当!”我把我自己的钱投了下去。今天不知怎的,车上人很少,我有一种不祥的预感。哎,我又多心了。我慢悠悠地坐下,慢悠悠地掏出手机,慢悠悠地玩起游戏,一切都是那么不紧不慢,不着急嘛……哎!不对啊,这车怎么往左拐,不是都往右的吗?我感觉气氛不对,便问车上的人。“这车是几路的?”“这是几路车?”我问了十几遍,车上十几个人竟没有一个人回答我。

估计是司机他老人家听得不耐烦了,严厉地说:“163路!”什么?163路公交车?我开始着急了,对于我这个屁大点的小孩来说,已经无法保持冷静。“让我下车,让我下车啊……”“小伙子,别着急,下一站转车,视力咋那么不好呢?”

我怎能不着急啊,身上都冒冷汗了。因为我身上已经没钱了,走回家非累死不可。这时我想起刚才捡到的一元纸币。“呼——”我长叹了一口气,有钱转车了。

上帝总是会在给你关上一扇门的时候,打开一扇窗。不过今天也真够倒霉的,或许我应该配副眼镜,视力君,你怎么了?

其实,班上除了有一类不会写作的学生,需要教师手把手教外,还有一类是“目空一切”，淡然做事的人，这样的人不是无才，而是不愿意好好写作文。因为周报，给这一类人头上戴了光环，心态不一样了，自然做事的态度也就不一样了。态度决定一切，智慧的火花就是这样被点起，内在的才能就是这样才开始展露“尖尖角”。

周报编辑手记，让我的笔下有了那些最美的“遇见”，看到了多年来走在周报讲评路上的自己，看见了一届又一届学生个性而创意的表达，还有用作文周报搭建起的我与学生、学生与学生之间的一个个令人难忘的故事……

第二章　儿童写作的心理密码

作文的世界，是“言”的世界，是“心”的世界，是“情”的世界，是“人”的世界，是丰富的精神家园。写作教学，不仅是要训练学生的写作技能，而且要培养学生产生思想、生发情感的能力，凝练思想，酝酿情感，才会有自觉表达的欲望，才会有最本真的倾吐、最真实的流露，生成个性化的文字表达。

儿童写作，唤醒学生的个体生命意识，让他们自由而畅快地抒发情感，深刻而个性化地表达思想，点亮每位学生的生命，让文字闪耀人性的光辉，这就是我们所追寻的别样的作文教育天地：让作文与生命一起绽放光彩！

第一节　钝感:消失的童趣

我们总以为,有了丰富多彩的生活,学生自然就会有生动活泼的作文。然而,现实的窘境在于,学生的生活世界日益多彩,而笔下的文字依然枯涩。是什么让学生对多姿多彩的生活视而不见、听而不闻呢?是什么堵塞了学生充分表达的心灵通道呢?

写作难,怕写作,这是众多学生的心声。问其原因,很多学生是觉得没有内容可写,经常要为习作内容即写什么而冥思苦想,缺少写作素材成了学生写作道路上的绊脚石。的确,看看学生的习作,凡是有关母爱之类的话题,大多数学生都是写自己生病,妈妈在病床前细心陪护;写有关于感恩的文章,很多学生写的都是在妇女节、母亲节那天,送给了妈妈亲手制作的贺卡。文章缺少新意、没有个性,雷同的事例、虚假的感情频频出现在学生们的习作中,缺少充满表达欲望的写作内容,缺少真实的情感流露。

很多教师都认为,生活是作文永不枯竭的源泉。真那么简单吗?学生有了生活就等于有了写作素材吗?看看如今的学生,每个人的生活都是那么丰富多彩:在学校,他们玩游戏,闲聊感兴趣的话题;在活动课上,根据活动主题结伴学习;在科学课上,动手做着一个个新奇的实验……在节假日里,与父母亲一起游山玩水,饱览祖国的大好风景……在信息传播飞快的现代社会,学生们耳闻目睹着身边的新鲜事,怎么会缺少生活呢?当然,学生也是凡人,也会有委屈、烦闷、痛苦、伤心、迷惘的时候,那些不开心的事在学生心底烙下深深的痕迹。孩子们怎么会缺少生活呢?有快乐就记录下快乐,有痛苦就记录下痛苦,这就是真实的生活。

既然每个学生都有各自独特的生活,那么为什么学生笔下的文字却如此枯涩?

第一，学生少了自由，少了大胆。在我看来，这源自我们教师对学生的习作少了一份宽容和理解。我们总是以成人的眼光看待学生的写作素材是否恰当，以成人的要求判断学生的习作写得好与坏。我们总觉得学生的习作应该呈现出积极向上的美好的一面，像写“向家长提抗议”“同学之间打架”之类不礼貌、不守纪的事情是不被允许的。正是因为这样那样的“不允许”，这样那样的“高标准”“严要求”，才束缚了学生的思维空间，限制了学生的言论自由，甚至牵引着学生脱离了他们的生活世界。于是乎，越来越多的学生在习作中不敢说真话，不敢抒真情，生怕一自由表达、张扬了个性，就不符合成人的评价标准。要说的不让说，想说的不能说，结果学生只能用自己的笔写下教师想听的话，还何谈“我手写我心”？何谈抒发自我的生命真情和心灵衷曲呢？学生为了博得教师的喜欢，迎合成人的审美观、价值观，丢弃了自己的生活，久而久之，他们很少去关注身边的人或事，童年的美好与珍贵、孩童时的天真与烂漫都离他们越来越遥远。我们看不到他们的笔下有鲜活的素材、美妙的童年和精彩的生活。因为学生已经漠视甚至忽略了他们自己用眼睛发现的、用大脑思考的、用心灵感受到的点点滴滴，所以他们总是觉得脑海中空空如也，无从下笔。

第二，学生少了留心，少了敏感。敏感是人在生理或心理上对外界事物反应敏捷的一种感知能力。看到夜空的明月，为什么有人会起思乡之情？看到秋天的落叶，为什么有人会有丝丝哀伤之愁？看到鸿鹄高飞，为什么有人会顿生凌云之志？……因为他们都有一颗敏感的心。一个具有敏感力的人，世间的一事一物都能牵动他的心，引发他的情思，成为他笔下一个个活生生的素材。杜甫敏感，才会忧国忧民、感时伤世，留下诸如“感时花溅泪，恨别鸟惊心”的沉郁佳篇；徐志摩敏感，才会以缠绵的情意、淡淡的哀愁创作出脍炙人口的《再别康桥》；编剧六六敏感，才能创作出一部部深受观众喜爱的贴近生活的电视剧；列夫·托尔斯泰敏感，才能以现实生活中的一件真事为素材写下《复活》这部不朽长篇。古今中外，每一位诗人、作家、编剧正是因为对生活有着全方位的敏感，才能把对生活的独到感悟、对事件的精辟见解、对人生的睿智思考跃然于纸上，笔到意随。而那些缺乏敏感力的人，心似枯井，漠视一切，情感又不够丰富细腻，不善于对身边的事物细心体察、感悟、思考，即使投下巨石也很难在他们心中泛起涟漪。所以，即便有生活，也不能够点燃起他们的写作热情，不能催生表达的欲望。由此可见，写作尤其需要敏感的品质。只有对外界事物、对生活保持高度的敏感，才能积淀起写作所必备的知识材料、情感和能力，从而在写作时运筹头脑之中，决胜尺幅之内。

第三，学生少了思考，少了探索。思考，是针对一个或多个对象进行分析、综合、推理、判断等。这是一种复杂的思维活动，是一个复杂的心理过程，需要大脑进行一系列逻辑活动。写作就需要思考，需要对生活现象和文字材料进行全方位、多角度、多层面的深入思考，才会结出思维的智慧之果，才会写出有哲理、有深度的好作文。缺少作者思考的文章，文字就显得苍白无力，内容也就肤浅。2007 年高考过后，网上出现一篇《高考作文，需要一定的"深度"》的文章。语文阅卷组资深教师、华东师大教授王光祖在接受记者采访时透露：阅卷中发现部分考生习惯堆积材料，存在思考能力弱等问题。学生缺乏思考力，导致考试失分较多。可见，思考力决定了写出来的文章的品质。我们不要认为谈写作中的思考力是高中生、作家的事，如果小学生不从小事中培养思考力，那么长大后怎么会有能力更透彻、更深层、更富有哲理地去思考、剖析、评议事件呢？不积跬步，怎能至千里？

第四，学生少了记录，少了冲动。学生身边也有喜怒哀乐的事情，每天都会发生这样那样的故事，可惜他们没有记录素材的习惯，没有提笔写作的冲动，这些鲜活的素材就在不经意间悄然溜走了，时间久了就被学生淡忘。所以，许多精彩的内容都没能转化成文字，成为一篇篇有灵性的习作。其实，无论是学生目睹、耳闻的还是亲身经历的事情，在当时一定会在学生心里留下一些感触，只要提笔记录下来，哪怕是三五行字、只言片语，用简短的文字记录下来,“速冻”保存,等到写作时将“速冻食品”融化开,记忆的大门便随即打开,提取出生活的印记,就能解决学生“无米之炊”的难题了。

学生对多姿多彩的生活不再视而不见、听而不闻,那么就能打开学生的心灵通道,写出儿童的语言,表达儿童的思想,流露儿童的情感。

第二节　敏感:心灵的物语

每一个人都拥有两个世界。一个是用眼睛看得到、用耳朵听得见、用手触摸得到的外在的有形的世界,另一个则是没法看到、没法听到、没法摸到而只能用心来感受、体悟的世界,也就是人的内心世界。会写作的人,他们一定会巧妙地运用好这两个世界;作文写不好的人,他们往往只感受得到外在世界,而忽略了自己的内心。

很多学生在作文中只会关注人物的语言、动作、神态、表情等描写,却忽略心理描写。那是因为人的内心世界,不像外部世界那么直观,学生缺乏内心的敏感力,不会关注内心活动,也就不会想到用语言细腻地描述、表达内心世界。

而细细琢磨学生的心理描写又会发现,他们记录的只是一种情绪体验,或高兴或悲伤,而产生这些情绪的原因或是情绪所带动的联想,学生却不曾留意;或者他们记录的只是内心考虑的结果,而这个结果是怎样思考、推理、猜测出来的,这个过程却没有详细写明;又或者学生写出了自己面临选择时最终做出的一个决定,而做这个决定时如何举棋不定,想这样,又想那样,如何反复斟酌、比较、分析,没有用文字再现当时的纠结心理。

其实,人内心的想法,快如闪电,写不长,写不具体,不是没有写的能力,而是没能静下心来,细细地思考那一闪而过的念头。学生没有关注内心活动的意识，就不会体察内心活动，感受自己的内心世界。很多时候，内心的想法就在不经意间溜走，所以学生在心理描写时捕捉不到当时那灵动的思维和智慧的火花。

教师教学生写作文，不要急着教给学生语言表达的方法、写作的技巧，而要引导学生学会关注自己丰富的心灵世界。学生只有时刻感受到这个广阔的内部世界的存在，才会重视它，关注它，才会日渐敏感起来。

首先，可以通过活动等外在形式唤起学生的有意注意。小学阶段，在教学影响下，儿童的有意注意正在开始发展，而无意注意仍起着重要作用。在教学过程中，只有不断向儿童提出努力学习的要求，要求儿童有意地集中自己的注意力到必要的对象上，有意注意才会逐步发展起来。因此，对于儿童作文，我们除了充分利用儿童的无意注意外，还需要经常性的训练活动，刺激学生的有意注意，唤起学生体察内心，培养学生关注内心活动的写作意识。

比如，为了培养学生拥有那份来自人的内心的敏感，我模仿管建刚老师的做法，每周要求学生进行一次“心灵物语”。学生可以与小树对话，与铅笔盒对话，与作业本对话，与星星对话，与书本对话，与苍蝇对话，与洋娃娃对话……与一切能成为“物语”的对象进行对话。与这些物体对话，说的不都是自己的心里话吗？“心灵物语”练久了，内在的“话”就会多起来，人也会随之敏感起来。刚开始训练，学生只会写上一两句简单的话，话题类似于“我考试考砸了，希望爸爸妈妈不要训斥我”“我今天做出了思考题，很开心”等，而且“物语”的对象大多是家里的洋娃娃、玩偶等，比较局限。渐渐地，学生把“物语”写成了一篇文章。

《我与自动铅笔的对话》片段：

回到家，我就怒气冲冲地对自动铅笔说：“都怪你！”

“又怎么了？”它迷惑不解。

“就因为你，我才这么晚回家，”我叹了一口气，“而且今天作业还很多。”

“我又干了什么坏事了呀？我今天很乖呀！”自动铅笔看了我一下，把头歪向了另一边。

“你还老实！我……我都快被你气死了！”我快要哭了，“今天你在最后一节课的时候坏掉了，我花了10分钟才修理好，害得我被老师留下来补作业！”

“哦，这件事啊，嗯，什么嘛？那是因为你在我的‘肚子’里加了太多铅笔芯呀！”自动铅笔生气极了！

自动铅笔坏了是常有的事，因为笔芯放太多导致自动铅笔坏的道理大家都懂。我们说“熟悉的地方没有风景”，可是在“心灵物语”的训练中，学生们却在“熟悉的地方”搜寻到了“别样的风景”。

其次，由逻辑判断能力体味内心的思考、分析、判断。儿童判断的发展趋势是从简单判断到复杂判断，从反映事物单一联系的判断到反映事物多方面联系的判断，从反映外部联系的判断到反映内部联系的判断。小学中年级之后，儿童能够比较独立、有根据而又明确地论证一些比较复杂的概然判断(假言判断)，这表明中高年级儿童已初步具有了进行自觉逻辑判断的能力。当然，此时儿童的逻辑判断能力很差，还不能对现实的复杂关系进行完备的反映。但我们可以凭借学生这一判断能力的发展，引导学生关注内心对事物做出思考、分析、辨别、判断的连续性过程，尝试着用语言文字描述下来。判断对错的过程使人明理，讲述内心的活动展现一个看不见、摸不着，内容却极为丰富的内心世界。

不管交规怎样，都是为我们好

吴竣凯

辞去2012年，迎来2013年，变化有许许多多，2013年的法规改变很大，如《刑事诉讼法》《民事诉讼法》等，但最被重视的是交规。

“史上最严交规”已经差不多实行10天了。有些人认为交规太严了，闯个黄灯就扣6分；抽根香烟就扣2分；醉酒驾车一旦被查，5年不能驾驶汽车，如果刚刚买车，就被查到醉酒，那还不如把车卖掉……还有一些人认为，实施新交规很好，可以减少交通事故。

这几天下来，爸妈开车遵守交通法规的意识的确高了很多。现在，一遇到绿灯快变黄灯时，就会停车，爸妈要保持一年零扣分的纪录。

在我看来，交规严是必须的，因为中国有好多人都不遵守交通法规，因此屡屡发生交通伤亡事故，要让大众守法的意识增强，的确应该用规定约束人们的不当行为。只不过有些规则是不是可以变得更人性化一些。比如闯黄灯时，可以压线，不然紧急刹车会发生追尾事故；让小孩子坐前面，没系安全带可以先提醒再处罚；等等。毕竟法律是死的，人是活的。交警也渴望民众能配合，他们也不容易，设立各条法规还不是为我们好。

我希望交通规则能成为人人都接受的事，并且不打折扣地严格执行，从而保障我们每一个人的生命！

观察生活中的事、物，并通过自己的思考、分析、判断，表达自己的看法，阐述自己的观点，做出准确的评述。既在想的过程中梳理了内心的辨析过程，又在思考中明辨是非，帮助学生树立正确的人生观、价值观。学生就是这样在成长路上有了判断是非的眼光与思想。

再次，借助推理能力揣摩内心的想象、推测及依据。小学低年级学生首先掌握的是那些较简单的直接推理，以及建立在直接观察所提供的直观前提之上的推理；中年级学生才开始能以抽象前提为基础进行推理，但是也只有借助于直观形式或熟悉事例把抽象前提加以具体化的时候，推理才能顺利实现；高年级时，学生能够离开直观依据进行抽象推理，但要进行完全抽象的推理仍有一定困难，而且对自己推理过程的监督和调节能力也不高。借助于学生的这一思维特点，引导学生尝试着对亲眼所见、亲耳所闻、亲身经历的事或直观的物体进行推理，把自己推理的经过有顺序、有条理地讲述明白，呈现一个别样的无声世界。

学校里的“失踪案件”

陈钰轩

英语课上，同学们正专心致志地做着试卷。往日嬉闹成性的四(5)班，到了紧张的考试时刻，也是一派严肃认真的景象。教室里出奇的安静，没有一丝嘈杂的声音，仿佛一根绣花针落在地上，也能够清楚地听见。

正当我为题目而心烦时，“哒哒哒”的脚步声由远到近，由弱到强，还没等同学们猜想，一个美丽的身影就已出现在我们的眼前。是金老师！只见金老师头发有些凌乱，是出什么大事了吗？“张……张金龙不见了！”“啊？”全班同学异口同声地叫道。听到这话，我也放下了手中的笔。张老师与金老师交谈了几句。张老师便焦急地问同学们：“谁知道张金龙下课去哪儿了？”

“他去语文老师办公室了。”

“他去上厕所了。”

“他去数学老师那里补作业去了。”

……

同学们窃窃私语，议论声回荡在教室上空，久久都未停息。张老师派了5个人去寻找张金龙。看着他们焦急离去，我不禁遐想联翩。他会去哪儿呢？真的躲进了男厕所里？不会吧，厕所那么臭，他不被熏晕就不错了。被外星人带走了，更不实际了，世界上怎么会有外星人呢？难道被数学老师叫去办公室了？不可能，我下课去数学老师那里批作业时也没有看见他在啊。他躲在了某个角落？对，这个符合逻辑。可他为什么要躲起来呢？不想写作业？不想上英语课？……

再看看其他同学，一个个悠然自得，有的甚至在幸灾乐祸，丝毫没有担心的意思。好歹同学一场，竟然这样！

“我回来了。”一个熟悉的声音在耳边响起，回头一看，张金龙正若无其事地走回座位。我这颗悬着的心终于放了下来，真是虚惊一场……

从学生的习作来看，推理的能力不尽相同。但可以肯定的是，观察仔细的学生，得到的线索多，由一个现象进行一个推断，由三四个现象得出三四个推断，推理写得较为丰富。心思细腻的学生，思考周全，分析缜密，善于从蛛丝马迹中一一推断，由一个现象也可以发散出不同种假设，推想的整个过程，讲述得也会更有理有据、真实可信。

培养学生的内心敏感力，学生的笔下才会流露出他们的思考，描绘出他们的想象，展现出他们的童心世界，把别人看不到的世界用文字表达出来，让更多的人读懂自己的内心，让内心的世界也能敞开大门，照进阳光！

第三节　随感：自由的呼吸

《义务教育语文课程标准(2011 年版)》中对学生的写作明确要求“能具体明确、文从字顺地表达自己的见闻、体验和想法”。所谓“表达自己的见闻、体验和想法”，不就是要让学生用自己的笔说自己的话，使作文显示出自己的个性吗？只要我们放低评价的标准，不苛刻地要求学生的习作写得和作家一样流畅、优美；只要我们放宽取材的尺度，不期盼着非要看到学生写下轰轰烈烈的事，少了一点束缚，学生就能有更多空间来发挥。学生花样的年龄，就该发生这个年龄段的事，就该写下这个年龄段的故事，只要真实，生活中芝麻绿豆点小事都可以创作成富有学生特色的习作，所以我们要积极鼓励学生勇敢地写，大胆地写，让他们明白写作就如与同龄人谈话一样可以畅所欲言。我们一味追求让学生写“有意义”的事，自然就把学生生活中“有意思”的事给挡在了门外。在儿童的世界里，“有意思”的事多，“有意义”的事少。儿童写作，请还给学生表达的自由，鼓励他们多写点“有意思”的事吧！

一天下午，我外出参加活动。第二天一早，办公室老师就向我告了状，说是那天午自习，她去我们班教育了好多次都没有效果，吵闹声连隔壁班的学生听了都蠢蠢欲动。我一听，心中顿生怒气，但是转念一想，何不指导学生把昨天自习上发生的一切写成一篇作文呢？

走进教室，谈及昨天自习的场面，我先引导学生说说。“得知老师下午不在时，你心里曾打起了什么如意算盘？下午自习铃声一响，你做了什么？在你眼里，这个午自习有多么自由？当时教室里场面怎样？你留意过别人的表现吗？当值日老师走到教室门口时，情况有什么变化？当值日老师转身刚离开时，教室里又是什么样子了？”针对我提的问题，学生们纷纷做出了回答，有举手向我告状某某同学放肆行为的，有主动承认错误、老实地交代自己不守纪的言行的，也有表明悔意、请求原谅的。学生的回答就像放电影一样把昨天午自习上发生的一幕幕情节重新回放了一遍，随后我请学生把当时的情景和自己的内心感受如实描述下来，就写成了一篇篇真实而细腻的文章。

《大闹午自习》片段：

这天，金老师有事出去了，瞬间班里就炸开了锅，吵得“天摇地动”，像早晨的菜市场一样热闹。教室里有的在和别的同学玩游戏，有的正在津津有味地看漫画书，有的一群一群地围在那儿聊天，就像一台机关枪，正在不停地发射。

我和同桌闹了起来。我同桌和一帮女生串通好了拿我东西。稍不留神，我的东西就不翼而飞了，然后又发现她们正得意扬扬地摆着手中的“战利品”。我刚想去拿，同桌就扔给别人，她们轮流传给对方，根本不把我放在眼里，要不是好男不跟女斗，我早就抢了。正当我手忙脚乱的时候，宋诚也加入了斗争，他的出现就像半路杀出了程咬金一样，让女生慌了手脚。

如果没有教师的引导和“指令”，学生会把这样乱哄哄的一幕作为写作素材吗？学生会写下这样生动、形象的文字吗？写到文中给教师批阅，那不是“自寻死路”，等着“定罪”吗？发生这类事件，教师通常都会批评教育学生。于是，自然而然地在学生头脑中就形成了一种思维定式：不好的、会被教师批评的事情不能作为写作素材。学生心中有了许多顾忌，就会觉得这样不能写，那样也不能写。教师就是要改变学生的这种错误认识。让学生记录他们世界里有意思的故事：学生之间的争吵、恶搞、出洋相、男女生比赛……这类学生身边的小事多么富有儿童色彩，学生们就应该有勇气写成文字，这才是学生的作文，这才是记录童年的美好、珍贵，体现孩子的童真童趣和真实的自我。教师就应当以欣赏的眼光、抛下过多束缚，多鼓励学生大胆写，放手写，描绘出童年生活的幸福、快乐，还给学生属于他们的一片蓝天，开辟出一片属于学生写作的芳草地，在这里播撒最真实的语言种子，让学生描绘他们的世界，感受一吐为快的酣畅，体会语言文字的魅力，享受写作带给人的快乐。在写作中，学生也在不知不觉中进行了自我反思和自我教育，不能不说写作也让教育润物无声。

自从我创办了班级周报，每星期都会出版一期学生的习作。逢星期一至星期四，我要求学生写“每日素材”。开学初，新接的班级连续一个星期，学生交上来的“每日素材”不是写帮奶奶洗碗，帮妈妈拖地，就是写同桌借给“我”橡皮，“我”很感激某某或是“我”今天帮助了某某，心里很高兴。看到学生的习作缺少新颖的素材，我便与学生一样每天开始写“每日素材”，打印出来贴在教室的黑板上，让学生看看老师的“每日素材”写的是些什么事，记录什么样的事情才能引起读者的兴趣。当时，学生们下课来办公室批作业总能见到有老师拿着苍蝇拍“追捕”的场景，于是第一天我就记录下了这样一幕：

近来，办公室来了一群“不速之客”，它们肆意骚扰着每一位教师。瞧，它们一会儿飞在办公桌上，一会儿停在一大摞的作业本上，一会儿更猖狂地落在我们的手臂上，似乎在向我们宣战……

就这样，每天阅读我的日记成了学生的一种期待，他们从中发现了新颖的取材、写作语言的幽默能增加文章的吸引力。连续几期班级周报，我对取材新颖的习作优先考虑发表。在周报讲评时，我对会观察、会选材的学生进行了表扬，并请作者谈谈写作背后的故事，诸如“自己是怎么想到写这件事的”这类话题，在学生的交流中互相启发，广开思路。渐渐地，批阅学生的“每日素材”，内容就丰富多了，每周写成的习作也是更生动、活泼了，例如《怪蛋》《牙齿保卫战》《牙齿“下岗”记》《我的战“痘”生活》《男女大作战》《瞧，我们班的暴力女生》……我很庆幸，我们班的学生走上了找寻童年的写作之路，拥有了搜集素材的敏感力。

在儿童的世界里，每一天都在具体的生活语境中，与人、社会和自然交流，从而获得生命成长的体验。儿童在这样真实的生活语境中与他人、与外界沟通，每个人的经历、感受不同，对生活也会产生不同的认识，对事物也会怀有不同的情感。于是，他们与自己、与外界有了一次次心灵的碰撞，有了一场场别具魅力的对话，促进了一个个生命的成长！儿童写作，请鼓励儿童多记录点在自己的生活中、成长中留下印记的有新意的事件。因为这些故事如擦亮星空的星星，照亮了孩子的心，也点亮了读者的心。

儿童写作是什么？除了内容上给予儿童自由，鼓励儿童站在儿童的视角大胆写有意思、新鲜感的事情外，还要给予写作形式上的自由、语言表达的自由。写作是让孩子们以无忌的童言写下对生活的观察和感受，那是孩子们澄净眼睛的作品，那是孩子们童稚心灵的作品。儿童在语言学习、运用的过程中，会形成一套只属于他们的独特的话语系统。他们用这套话语系统来表达自己的所见、所闻、所思、所感。这套话语系统词汇虽然不丰富但很生动，不够规范但有创意，表达不精确但足以表述他们的生活，这样的语言就是孩子那种未经雕饰的天然美。

也许，儿童的作文没有华丽的语言，没有成熟的技巧，也没有新奇的形式。但是它有的是最为可贵的“我手写我心”，有的是用儿童自己的语言表达出自己的真情实感。叶圣陶先生曾经说：“小学作文之教授，当以顺应自然之趋势而适合学生之地位为主旨。”叶圣陶先生所讲的“自然之趋势”，是强调作文训练要考虑学生的年龄特点，要符合儿童的心理。不必去刻意追求语言的华丽、修辞的运用。儿童在表达中写出的是自己的语言风格，写出的是自己的语言特色。作为教师，我们要尊重儿童的语言特点，欣赏儿童原汁原味的童言。对他们在学习和运用语言中所犯的错误，要持宽容的态度。引导学生用童言来写童真、表童情，这样他们的作文中才会有富有灵性的语言、率真的情感和张扬的个性。儿童写作，请用欣赏的眼光看待儿童的语言，请鼓励儿童多用“有意味”的语言进行表达吧！

儿童就是一棵向上的爬山虎。只要有植根的地方，只要有一面墙壁，只要有阳光和水分，它就会不停地向上爬。我们可以为这一片片爬山虎做什么呢？那就是为儿童创造“爬”的条件，搭建“爬”的空间，教授“爬”的技能。培养学生搜寻素材的能力不是狭义地指教师创造各种活动等待学生来写，不是靠教师拿“米”来“喂”给学生吃，而是让学生学会自己“找食吃”，拥有“觅食”的能力，这样学生才永远不会“饥饿”。放手让学生自由写、大胆写，没有了束缚与限制，你会发现他们的写作潜能不可估量，你会发现用笔书写生命是多么可爱！那一片片爬山虎定能营造出一片生机勃勃、绿意盎然的美丽风景！

第四节　美感：擦亮的日子

有些文章所讲述的故事并不生动、稀奇，吸引人的却是那不足为奇的故事之后留下的耐人寻味的道理。

苏教版小学语文四年级下册中有一篇课文叫《苹果里的五角星》，课文主要讲了邻居家的小男孩把他在幼儿园里学到的横切苹果的方法演示给“我”看。我们通常的切法是从顶部切到底部，而邻居家的小男孩却是拦腰切下去。原来，从横切面看，可以清晰地看出，苹果核像一颗五角星。对切苹果，我们都不生疏，总是循规蹈矩地按通常的切法，把它们一切两半，却从未见过还有另一种切法，更没想到苹果里还隐藏着“五角星”。这个故事告诉我们，创造力来源于打破常规的思维方式。这是作者由横着切苹果得到的一个启示。的确，很多时候，换一种角度来看问题，换一种思维方式来思考，我们就能得到不同的结果。俗话说：“万事都有利有弊。”事物有它好的一面，也必定有它不好的一面。如何正确看待？不同的视角，会收获不同的感受，带给人不同的心境。在困境中不气馁，在胜利时不自满，在失败时不放弃，调整自己的心态，乐观积极地面对一切，每一天的日子就变亮了，变美了！

有一次，盛泽实验小学教育集团校长薛法根要借我们班的同学上一节直播课，由于上课地点在图书馆，受到场地的限制，只能选三十位学生去上课。其中一位没有去上课的学生就写下了这样一篇随感。

悲剧人物的福气

何嘉沁

今天老师在班里宣布一个消息，薛校长要在第二节课给我们班上课，地点是图书馆。一听到这个消息，同学们激动不已。

上课了，有的同学还在窃窃私语，有的同学在幻想着听校长上课是怎样一种感觉。可我并没有开心，因为惊喜很少落到我头上，我渐渐产生了一丝伤感。

第一节课刚结束，数学老师还没回办公室，只见语文老师急匆匆赶来，两个老师不知道在商量些什么。等他们商量好了，语文老师对全体同学说：“同学们，由于图书馆场地不够，只能选三十位学生去上课。”我就是留在教室里的其中一位。

一切正如我所料，果然好事没落到我头上，我心里越想越伤心。翻着手边的书，却无心看书。班主任钱老师走进教室给我们放了电影，我的忧伤立刻烟消云散。我知道他们去上课的同学还没我们现在这么自在。

这次我很遗憾没能听薛校长给我们上课，但塞翁失马，焉知非福？第一，要想想自己拥有了别人没有感受到的东西。第二，珍惜拥有的，不要去强求自己得不到的。

《苹果里的五角星》里换一种切苹果的方法，让我们看到了苹果里藏着的鲜为人知的五角星。我们也要引导学生学会改变，学会转换，换一种角度写作，你的文章更美了；换一种心态思考，你的心情更美了；换一种思想生活，你的人生更美了！

以课文《苹果里的五角星》为范文，我也会启发学生思考平时经常写到的事例背后所隐含的内容，给故事延伸出一个道理。比如，学生写作中经常会以“我真倒霉”收尾。考试没有考好，称“倒霉”；上体育课时摔了一跤，称“倒霉”；作业本忘记带，称“倒霉”；下雨了，自己没带伞，称“倒霉”……有没有想过为什么“倒霉”会找上你呢？所有的“倒霉”其实都是有原因的，考试没有考好，是不是自己没有认真复习、考试不够细心；摔了一跤是不是自己没有看清路；忘带作业本是不是自己没有及时整理好书包；自己不带伞是不是做事考虑不够周到……要引导学生对于所发生的故事，能够有深入的思考，思考为什么会这样，反思自己有哪些做错的地方，有了这样的思考过程，人才能不断进步。从一件不顺利的事情中找到自己的失误，以便今后不再重犯这样的错误。这对于一个人的成长而言，是多么重要！

从一件坏事中总结教训，获得启示，让这件坏事也有一定的价值与意义，换种角度来看，这坏事不就是成了一件好事吗？不要只顾着气呼呼地抱怨自己的“倒霉”“失意”“失败”，正是有了这些人生路上的“绊脚石”，才让你日渐成熟，才让你获得成长。

苏轼有诗云："不识庐山真面目，只缘身在此山中。"学生叙写生活中发生的事情，易；从叙事中发现别样的意义，难！我们要不断地培养学生思辨的功夫，提升学生洞察的能力，透过现象看到一事一物的本质，就能挖掘、看到事物背后的价值，总结事件中领悟的道理，学生写出来的作文才会大于故事，写出来的作文才会有别人想不到的东西，作文才会有那一份独特之"美"！

例文一：

纸包不住火

袁博冉

"唰啦啦！"一张张写满了铅笔字和红勾叉的数学试卷被传了下来，我迫不及待地朝试卷右上角一看，72！唉，光是应用题就扣了22分！我心中顿时像打翻了五味瓶一般，完蛋了，这怎么向妈妈交代呀？昨天英语考得很差，妈妈的怒气已经达到百分之六十了，这次再把这么差的试卷交给老妈，老妈的怒气一定会"爆表"的！不如，先瞒一天吧！

放学后，妈妈问："这次数学考得怎么样？"我顿时一呆，又马上面不改色心不跳地说："才考，试卷成绩还没出来呢。"见妈妈脸色好了许多(心理作用)，在一旁察言观色的我这才暗暗松了口气。回到家，我迅速做完作业，刚想拿出试卷，妈妈就在厨房里问："儿子，作业写完了没？"我心里"咯噔"一声，又马上回答："做完了。""今天有没有数学作业？"我不禁愣住了。难道妈妈知道今天有试卷订正？她想让我自己坦白？我迟疑了一会儿才回答："试卷才刚考完，哪来的作业？""噢！"我故作庆幸状(手拍拍胸脯)，"幸好，没被发现！"我继续在书包里翻找。"咦，怎么没找到？"我再次寻找，还是没有。坏了，不会落教室里了吧！我回忆起来。是的！我又着急起来，没试卷我该怎么订正？不过我很快想到了办法：张老师对试卷要求不高，上次试卷，我有些题目没订正，张老师边讲我边补，张老师发现了没说什么，就让我赶紧补，这次只要我在学校上数学课之前赶紧补，这事还是很好解决的。得到解决方案的我，这才安心了。

第二天趁早自习，我补了些填空题，可悲剧的是，第二节课就是数学课，我连一半都没做完。张老师讲完了题，我们这些没做完的“落后分子”都在争分夺秒地奋笔疾书。张老师发现我回家没订正就让我放学补。28分的题订正起来可不是容易的。我争分夺秒地写，可到了四点半，我才写好一半，等到订正好了交给张老师批完，发现妈妈都来了！我总觉得不安，感到谎言会被揭穿。果然，该来的还是会来。张老师来了，看见我妈，便向她说明了情况。妈妈的脸色从多云转阴，阴转大雨，大雨转暴风雨。我回家免不了被妈妈的“五指山”在脸上写下“到此一游”。唉，早知现在，何必当初呢？

现在想想，那是我对知识掌握得不够扎实，但一直想逃避结果。这是软弱的行为，躲得了初一，躲不过十五。想用谎言来掩盖？更不可能，一谎圆一谎，纸是包不住火的！所以还是勇敢面对自己的错误吧！我一定牢记这个教训。

思考，从故事跨到另一道“坎”，有了你的反思，有了你的洞察，有了你的思辨，你才能看得更深、更透、更远，你才能成为第一个登上高峰的人，享受着生活带来的不同滋味的“幸福”！

每个人除了需要拥有透过现象看本质的思维力外，还需要有一双发现美的眼睛。著名雕塑大师罗丹说过：“生活中不是没有美，而是缺少发现美的眼睛。”生活中处处存在着美。家里面井然有序，窗明几净，家具摆放错落有致，这是一种整洁的美；“清水出芙蓉，天然去雕饰”，天地自然之灵气铸就了一种浑然天成的美；海浪波涛汹涌，惊涛拍岸，这是一种气势磅礴之美；小溪潺潺流水，清澈见底，这是一种幽婉柔情之美……

即便是再平常不过的一景一物，在有些人眼中也能发现它的美。因为这些景与物，不仅在他的眼里，更是在他的心里。让学生停下脚步，细细观赏，用心去体验、去感受、去欣赏，捕捉在脑海中一闪即过的美好的思绪，就能寻找到美。

金秋十月，校园里浸润着桂花的香气。中午，我带着学生从食堂走回教室的路上，让学生驻足在那几棵桂花树前，闻一闻，让学生打开每个细胞尽情享受着桂花的香味；看一看，让学生捡起飘落下来的桂花，细细欣赏这小精灵的身姿。秋天，走在铺满了梧桐叶的大道上，任学生踩在上面，发出“咔嚓咔嚓”的响声；任由学生捡起树叶，对着阳光，透过树叶看世界。有了欣赏，真正感受到那种透视的美，生活中的美和喜悦便会不请自来。于是学生笔下的文字就活了，也更有生命力了。

倘若说欣赏自然之美需要睿智和一双善于发现的眼睛，那么欣赏人间真情，则需要有细腻的情感。当细腻的情感燃烧时，身边的细微的美肯定会熠熠生彩、璀璨夺目。所以，我们要引导学生从一事一物中体会其中蕴藏着的情感，并且鼓励学生敢于真挚地表白，大胆地倾吐。从妈妈切好的水果中感受爱；从饭桌上爸爸夹菜的举动中感受爱；从奶奶用心做好每一顿饭中感受爱；从爷爷冒雨送来雨伞中感受爱；从他人的一句鼓励、一个微笑、一个拥抱中感受温暖……如果学生对内在世界的美丽漠不关心，那么他无论如何也看不见外在世界的美丽。打开心灵之窗，一种前所未有的美就呈现在眼前，因为美就在你的心中。大千世界，不要只顾着看眼前的一棵树，还要用心感受整片森林，你就能在生活中处处找到美、感受美。

例文二：

一杯水的爱

钱思懿

从小，妈妈就不给我买那些罐装饮料，偶尔买一两瓶都要看她的心情。不给饮料就算了，还一天到晚让我喝一点味道都没有的白开水，太讨厌了！

虽然妈妈并不是每天都硬逼着我喝下多少杯水，但只要我口渴了想喝水的时候，那就必须喝白开水，因为如果不喝，我就会被活活渴死。每次去超市，走到买饮料的地方，也只能光看着。只有在妈妈高兴的时候，我才有万分之一的机会叫妈妈买。不过在叫妈妈买之前，还要跟她死缠烂打地“嘴战三百回合”。

妈妈也真是的，其他父母都可以给他们的孩子买饮料，为什么我妈妈就不行？在暑假的时候，我自己一个人到奶奶家去住，这可把我乐坏了。我一到奶奶家，就往超市跑，买了一大袋我向往已久的饮料拎回家。到家后，我在饮料堆里精挑细选了半天，最终，我选中了一瓶奶茶，打开盖子，喝了一小口，细细品尝。咦？奇怪，为什么这个味道并不是我想象的那么美味呢？明明应该不是这个味道的！为什么这瓶饮料还没白开水好喝呢？难道是我的味觉出问题了？……

渐渐地，我盯着这瓶饮料出神，在一刹那间，我恍然大悟，明白了白开水中包含着的那份默默的爱……

生活中的美无处不在，要想看见这些美，请点亮起学生那颗积极向上、活泼开朗的心。如果他整日心情急躁，烦恼不断，又怎能找到这生活中与他近在咫尺的美呢？所以，让学生拥有一颗积极向上，活泼开朗的心吧。它能让学生发现生活中的美，让他快乐每一天！

换一种思维考虑问题，你就能看到事件背后隐藏的原因，从而不断成长，走向成熟；换一个角度看世界，你就能看到他人之美、生活之美、世界之美，你会感恩生命多美好！

第三章　儿童写作的课程建构

儿童的作文,应该有独特的童眼,有纯真的童心,有丰富的童情,有无忌的童言。

建构儿童写作课程,就是站在儿童的视角审视作文,基于儿童的生活,基于儿童的年龄特点,寻找适合儿童的写作话题,开辟符合儿童的写作素材,建构儿童本体的课程体系,激发儿童写作的源动力,保护童心,让语言表露纯洁的天性和可贵的灵性。这样的写作才是回归儿童世界,成为儿童表情达意、抒写真"我"的生命活动。

建构儿童写作课程,从儿童的生活出发,从儿童的心灵和精神需求出发,让儿童更好地表达生命,沟通生命,让写作真正成为儿童生命世界中的一方绿洲,成为儿童精神世界中的一片蓝天,更成为儿童心灵世界中的一股甘泉!

第一节　儿童写作的现实背景

作文教学质量不高是语文学科长期诊治却没有得到根治的问题，对此，《义务教育语文课程标准(2011 年版)》和语文教育研究专家开出的仍然还是"生活"和"阅读"两帖药方。从理论上说，这没错。生活和阅读是学生写作的两大源泉，观察、体验、感悟生活，从而积累、占有写作的素材和从阅读中获得思想情感的滋养，提升认识和理解生活的能力，领悟写作的真谛，的确是提高学生作文水平的最佳途径。

但是，从语文学科改革自身看，目前的作文教学并没有坚定不移地走通这条捷径。首先是阅读教学与写作教学严重脱节，给写作教学带来莫大的困难。从教学内容的安排上看，语文教材的结构就有问题。问题之一，作文教学的分量还是和课改前一样，无论数量还是质量都不能同阅读教学相比，语文教学必然形成 90％的时间用于阅读，10％的时间应付写作的格局。问题之二，语文教材每个单元最后都安排了写作训练内容，但大都与这个单元的阅读课文不配套。而从组织教学的主体看，一线语文教师的认识与实践也有问题。在认识上，语文教师并没有很好地领会阅读教材的功能。阅读教学本有两个功能，一是让学生学会阅读，善于从阅读中理解和积累文章的人文内涵，获得审美享受，提高阅读能力；二是引导学生以优秀的文章为范本，学习有用的写作知识和方法，并且付诸实践运用，提高写作能力。但是不在少数的语文教师教阅读，只在内容的理解上着力，文章是如何运用语言表达内容的，用心一点的教师是点到为止，不用心的则是视而不见。由于认识有偏差，教学实践必然不到位。有的教师虽然在教阅读时也能注意抓文章中语言的出彩处和构思的精妙处与写作相结合，但只是停留在写作知识和方法的识记、理解的层面上，而没有向实践运用与提高语文能力的层面迁移深入，一百步只走了五十步。

其次，从课程改革的大环境看，写作教学走生活化道路的最大障碍，是传统教育、应试教育对学校教育和家庭教育的负面影响还远远没有肃清。传统教育和应试教育与现代教育、素质教育根本的差别在于，前者以知识传授、课堂教学、教师讲授、学科考试为中心，后者则提倡以素养提高为目标，与生活相沟通，学生自主探究为主导，注重实践运用和创新。传统教育和应试教育又导致家庭教育偏向学科知识的辅导加码，从而加重了学生的学业负担，侵占了学生健康快乐成长的时间和空间，使学生远离丰富多彩的生活世界，失去了亲身体验生活的权利和徜徉书海的快乐。生活积累的贫乏和思想情感的空虚，是学生作文内容苍白的病根所在。

很明显，改变写作教学的命运需要新课程改革真正有效的实施，也就是说，要真正打通"生活"和"阅读"这两条写作教学的通道，根本在于课程改革要从传统教育和应试教育的重重包围中冲杀出来。突破重围的出路在哪里？反思过去七次课程改革并不成功的教训和当今第八次课程改革十多年实施遇到的瓶颈，可以判断课程改革有效推进的根本关键在评价内容和评价制度的改革。目前，这项改革在小学阶段已经有了突破性的进展。废除了统考和各类学科竞赛，取消了以考试分数衡量学习成绩的评价标准，实行各类素质养成的综合评价机制，使小学阶段的教育和教学逐渐摆脱应试教育的羁绊，给课程改革的校本化、师本化实施提供了可能。教育环境的净化，也给小学作文教学改革带来了生机。学校不但可以把阅读和写作组合起来通盘思考改革，而且可以突破学科阻隔，把写作融入其他学科的教学；更可以开展丰富多彩的活动，如各种主题教育活动、综合实践活动、社团活动和各学科的综合学习活动，组织和引导学生走出校门，融入社会和大自然，参与生活，亲身获得真实的体验，积累各种生活的经验；还可以根据学生的年龄特点和接受能力，鼓励和引导学生阅读适合自己的书籍，获得思想情感的滋养，丰厚自己的积累，使学生写起作文来有更扎实的底蕴和更丰富的内涵。

课程改革校本化、师本化实施，迎来了小学作文教学改革的春天。但是，作文教学的改革是一项系统工程，需要科学的顶层设计、系统的实施计划和可操作的实施策略。小学生的作文虽然简单，但学习写作的过程却并不简单，从低年级写句起步入门，进入中年级语句衔接的写段，到高年级连段成篇的习作，必须一步一个脚印，扎扎实实地推进。在这过程中，有两条最重要的经验：一条是不断地激发学生喜欢写作的热情和自觉写作的欲望；另一条是从生活中养成积累写作素材和从阅读中借鉴写作方法、积累语言的习惯。由此看来，小学作文教学需要一个科学完整的体系。这个体系应该首先考虑到学习写作的主体是儿童，儿童有着与成年人不一样的身心、思维特点、生活领域和言语表达系统。因此，建立"基于儿童立场，展现儿童生活，丰富儿童言语的儿童作文课程"，是一个能够改变小学作文教学效率低下，促进小学生健康快乐成长的有意义和有价值的课题。

第二节　儿童写作的课程目标

《义务教育语文课程标准(2011 年版)》对小学和初中学生作文的总目标是："能具体明确、文从字顺地表达自己的见闻、体验和想法。能根据需要，运用常见的表达方式写作，发展书面语言运用能力。"在总目标之下，小学和初中四个学段的写作还都有具体的阶段目标。解读总目标和小学三个学段的具体目标，可以看出，儿童作文课程的目标主要是四条：一是激发作文内驱力，二是增强生活体验力，三是发展语言表达力，四是培养作文思维力。

一、激发作文内驱力

激发作文内驱力，是写好儿童作文的前提条件。儿童作文，作为学习写作的初始阶段，要特别重视情感态度方面的因素。让孩子愿意写作文，喜欢写作文，对写作产生兴趣和自信，变“要我写”为“我要写”“我能写”，是儿童作文跨出的坚实的第一步。对此，《义务教育语文课程标准(2011年版)》对小学三个学段具体目标的规定中都有表述：第一学段是“对写话有兴趣”，第二学段是“乐于书面表达，增强习作的自信心”，第三学段是建立自觉写作的目的意识——“懂得写作是为了自我表达和与人交流”。日本教育界认为完整的写作教学是三个方面，依次是“有写作动机”“有东西可写”“能够写出来”。“有写作动机”放在第一位，不仅是写作过程的先后顺序排列，更因为它是整个写作行为形成的关键。没有写作动机，不想写、不愿写，就不会积极搜集材料，就不会“有东西可写”；没有了前两条，第三条“能够写出来”也就无从谈起。

儿童作文课程要构建激励孩子写作欲望和自信的机制。首先要保护儿童有表现自己欲望的天性，即使它们的表达过于幼稚甚至有错误，也不要打击他们的积极性。其次要通过各种形式让孩子们获得写作的成就感，如《义务教育语文课程标准(2011年版)》所说的，使他们“愿意将自己的习作读给别人听，与他人分享习作的快乐”“能与他人交流写作心得，互相评改作文，以分享感受，沟通讲解”。最后要提倡儿童自由写作，让孩子写自己平时喜欢写的东西，写自己熟悉的内容；如果是教师命题，要注意“能引起学生的兴味”(陶行知语)，让学生乐于写。

二、增强生活体验力

增强生活体验力，是写好儿童作文的基础工程。儿童作文写的是儿童自己的见闻、感受和想象。这些作文内容必然来自儿童对生活的观察和亲身参与生活的体验。《义务教育语文课程标准(2011年版)》在小学三个学段写作的具体目标中都有“观察生活”的要求：第一学段(1—2年级)是“留心周围事物”；第二学段(3—4年级)是“观察周围世界”；第三学段(5—6年级)是“养成留心观察周围事物的习惯，有意识地丰富自己的见闻，珍视个人的独特感受，积累习作素材”。由此可见，《义务教育语文课程标准(2011年版)》重视“观察生活”，强调“观察生活”对于积累作文素材的重要性。儿童能留心观察周围事物，养成习惯，而且能进一步思考，有所发现，形成个人独特的感受，然后及时地记录下来，储存在自己的作文仓库里。长期坚持这样做，不但丰富了生活体验，积累了写作的素材，而且能不断提升对生活的洞察力。“功夫在诗外”，观察和体验生活，这是儿童作文的“诗外功夫”。

观察生活和体验生活，要像“不动笔不读书”一样，把观察到的生活素材和对生活现象的思考及时积累下来，最好的办法是写日记。著名作家老舍先生说:“要打好基础，第一步就要学会记，每天记一件事。”开始记的时候，也许是记流水账，只是一些简单的片段或点滴，但坚持下去，形成习惯，一旦写作文时需要，积累的东西就会成为题材。

三、发展语言表达力

发展语言表达力，是儿童作文课程的核心目标。儿童言语的天性是率真可爱。儿童作文课程要在继续保持儿童言语天性的基础上，进一步丰富和完善儿童言语的品质和能力。儿童期是一个人言语发展的最佳年龄段，应该激发他们勇于表达自己的动机和自信，发展他们的言语能力。

儿童言语能力的品质是准确、清楚、通顺、真实。准确，就是在表达过程中没有语言错误。能准确地运用阅读和生活中学到的词语；准确地写下自己想说的话，准确地领会和模仿运用平时积累的语言材料；能修改习作中明显错误的语句，能根据表达的需要，准确地使用标点符号。清楚，就是把自己想要表达的意思说明白，让交流对方知道自己的见闻、感受和想法。说话写文要含义明确，要言不烦；能不拘形式地写下自己的生活体验，注意把自己觉得新奇有趣或印象最深、最受感动的内容写清楚；能分清纪实性、描写性、议论性、说明性语言的主要特点，写出简单的记叙文、读书笔记和常见的应用文。通顺，就是连贯通畅地表达，即前后词语搭配顺当；段落衔接自然顺畅，有层次地表达；能根据内容表达的需要，围绕中心，分段表述。真实，就是写真情实感的话，写诚实的话，写自己想说的话，写符合孩子年龄的话。叶圣陶先生提出作文的一个重要原则是“求诚”。他说，写人间的事，“则必须合乎于事理的真际，切乎生活的实说”；写感性的话，“则必本于内心的郁积，发乎情性的自然”。他还说作文要“有话必说，无话不说，说须心口如一，不能说谎”。每个孩子对生活的认识和理解会有自己的角度，都能写出真实的心里话，所谓“情动于中而形于言”，就会实现作文个性化的生动局面。

四、培养作文思维力

培养作文思维力，是写好儿童作文的重要支撑。《义务教育语文课程标准(2011年版)》主张“在发展语言能力的同时，发展思维能力”。这是针对作文的现实提出来的。儿童作文中存在的语感不强、语病较多、思路混乱等毛病，既是语言的问题，也与思维的问题有关。著名美学家朱光潜说：“就我自己的经验说，我作文常修改，每次修改，都发现话没说清楚时，原因都是思想混乱。把思想条理弄清楚了，话自然会清楚。”朱老的切身体会告诉我们，语言的运用依赖于思维的运动，思维的开发对语言的运用有支撑保证作用。因此，写好作文，一定要学会思考。美国教育家西奥多·W.海伯说：“要想写清楚就必须想清楚，要想写得充分，就必须想得充分；要想写得实在并富有想象力，那就必须在思想上想得实在并展开丰富的想象。”

根据儿童年龄、阅历和思维的特点，儿童写作思维的培养内容主要是思维的条理性、思维的层次性、思维的拓展性、思维的创新性。其中，思维创新性培养重点在想象力的激活。《义务教育语文课程标准(2011年版)》在小学各个学段的具体目标中都提出了这个要求：第一学段是“写想象中的事物”，第二学段是“能不拘形式地写下自己的见闻、感受和想象”，第三学段是“能写简单的记实作文和想象作文”。由此可见，《义务教育语文课程标准(2011年版)》对想象力培养的重视。

第三节 儿童写作的内容构想

儿童作文是儿童生活的真实反映，是儿童心泉的自然流淌。著名特级教师于漪说："不管写什么类型的作文，总是写自己的所见所闻，所思所想，可以兴之所至，信笔写来，品尝倾诉心声的快乐。"所以，儿童写作课程的内容必然来自儿童的生活（阅读也是生活的一部分）。儿童的生活主要是学校生活、家庭生活和走进社会、自然的校外生活。语文教师要引导儿童用心观察生活，在生活中有所发现；要通过各种活动带领儿童投入到生活中去，获得和积累生活的体验；要鼓励学生在生活情境中体验与人、与动植物的情感交流；要指导儿童在阅读和由读向写的迁移中体悟言语表达的奥秘。总之，儿童写作课程的内容应与儿童的生活一样丰富多彩。

美国著名课程论专家罗伯特·加涅有句名言："为学习而设计。"这告诉我们，儿童写作课程内容的选择与确定，要从儿童的立场和利益出发，让儿童从自己熟悉的生活中领悟写作的规律和技能。但是，这需要语文教师的科学设计和精心指导。从儿童立场、儿童生活、儿童言语来建构儿童写作课程，可以设计四个板块的学习内容：学科交融写作、生命体验写作、主题活动写作、阅读感悟写作。

一、学科交融写作

学科交融写作，是指语文学科之外其他学科教学中的写作实践活动。虽然作文不是其他学科的学习任务，但是为了学习的需要，其他学科的教学活动也会有写作的实践，比如写数学小论文、科学实验报告、思品小评论、综合实践活动感受等。这些写作实践，涉及学生学习生活的所有领域，因而拓宽了儿童作文的视野，丰富了儿童作文的素材，是语文学科作文教学的补充和延伸。

从指导儿童学会学习出发设计学科交融写作，反思性作文是一种最佳选择。回顾学习过程，体悟学习感受，总结学习成果，反思失误不足，这对提高学生的学习能力和综合素养有促进作用。例如，体育课上，教师教了前滚翻的动作。课后，教师布置作业，请学生把教师怎么教、自己怎么练的过程记录下来。学生在记录的过程中，抓住动作描写，回忆教师是怎么示范的，抓住语言描写，回忆教师强调了哪些动作要领。再结合自己的练习，从失败到成功，写写自己悟得了哪些经验。在完成作业的过程中，学生在无形中复习巩固了体育课上所教的内容，又对自己的学习情况进行了反思总结，有效地提升了学生的学习效率。

从整体提高儿童的作文能力出发设计学科交融写作，综合性作文训练是一条最佳途径。所谓综合性，就是通过一次写作实践活动，让记叙、描写、议论、说明等作文能力都得到训练。这种综合性作文实践，在综合实践活动课的学习中可以经常运用。例如，苏州吴江盛泽是享誉全球的宋锦的原产地。于是，综合实践活动和语文两个学科的教师合作，以“宋锦——中国丝绸的瑰宝”为学习内容，组织高年级学生参观盛泽的丝绸博物馆和生产宋锦的企业，访问有关文化学者和丝绸生产专业人士，了解宋锦的创制历史和故事，掌握丰富的资料。然后，组织学生写一份宋锦的说明书，写一篇介绍宋锦历史的文章，写一则关于宋锦的故事或参观记，写一篇谈参观感受的文章，等等。这种作文套餐，是一种全方位的文体训练，可以使学生的综合能力得到全面提高。

学科交融写作的组织实施，需要三方面的积极性，首先是学校领导的认识。要从课程改革校本化实施的层面来看待儿童写作不仅仅是语文学科的事，也是其他学科的分内事；同时在安排教学任务时要给非语文学科明确提出交融写作的要求。其次是语文教师要主动。语文备课组要积极与其他学科备课组沟通，取得非语文教师的支持。在某个交融写作命题确定后，语文教师要给学生做相关的作前指导。最后是其他学科教师要把交融写作纳入自己学科的教学计划，选择好交融写作的项目内容，与语文教师协商安排写作后的批阅和评讲工作。

二、生命体验写作

生命体验写作，是指人们在生活的具体语境中，与人、社会和自然交流获得生命成长体验的言语表达活动。儿童作文应该成为一种“真实世界里的写作”，这个“真实世界”的组成是以儿童为中心和以儿童生活为内容的交际语境，儿童在这样具体的生活语境中与他人、与外界沟通，表达自己对生活的认识，抒发真实的情感。因此，儿童作文是孩子的“另一张嘴巴”，是他们心声的“书面言说”，是他们与自己、与外界一场场别具魅力的交流与对话、一次次心灵的碰撞、一个个生命成长的体验活动。

生命体验写作，具有三个特性。

第一是生活语境的交际性。写作即交流，这是现代写作的一个重要理念。写作的交际功能来源于写作的目的。叶圣陶说作文是“有所为的”。那儿童写作文是为了什么？是为完成教师布置的作业而写？是为语文考试中作文占较大分值而写？都不是。是为写作知识迁移成写作能力而写？不全是。儿童作文的目的在《义务教育语文课程标准（2011 年版）》中说得很清楚，“懂得写作是为了自我表达和与人交流”和“与他人分享习作的快乐”。自我表达，即与自己交流，《义务教育语文课程标准（2011 年版）》说“写自己想说的话”，记录自己生命成长的点点滴滴，例如写日记，记录自己的所见所闻所思所想。与人交流，表达自己对生活的认识，传达外部世界的信息，分享别人的感受和成功。交流总是有对象、情境和目的的，也就是说，是有具体语境的，而真实的生活场景对于儿童来说，就是最好的语境。

第二是言语情感的真实性。读者意识，是现代写作另一个重要理念。儿童作文是写给谁看？第一读者当然是儿童自己，当然，还会有其他的读者，譬如教师、同学以及家长。为了让自己更懂得自己，也让他人更好地了解自己，儿童无论写与自己交流还是写与他人交流的作文，都应该说真话，抒真情。童真、童趣的言语和情感是最真实的，也是读者最想看到的。

第三是生命体验的生成性。表现个性，是现代写作又一个重要理念。个性是生命的灵魂，表现个性，就是展现一个个活生生的生命。儿童生命的成长不仅仅是知晓生命内涵的一个个结论，更重要的是经历生命成长的过程。通过亲身体验表现生命的个性和成长的感悟，在自己的人生道路上留下一个个坚实的脚印，是非常珍贵的纪念。

生命体验写作的核心要素是交际语境。交际语境由活动主题、交际主体、言语活动构成。由此，可以构建生活体验写作的四大板块话题：一是"我与他人"，讲述自己与父母及亲人，与老师、同学及其他人群之间的故事。二是"我与自然"，叙写与家乡和风景旅游地的故事，以及与动植物的相处，表达对大自然的热爱与敬畏和对动植物的喜爱。三是"我与社会"，把自己观察生活看到的、听到的，参与生活体验和思考的表达出来。四是"我与自我"，写自我反思、自己的梦想、心愿快乐与烦恼。每个话题都按照"活动主题""交际语境""训练目标"三个内容进行设计。

三、主题活动写作

主题活动写作来源于活动教学法理论。活动教学法，原来是运用于课堂教学的，旨在克服传统教学中单一的采用抽象的符号形式学习的弊端，充分调动学生的多种感官和学习兴趣，把感知学习与实践操作融合在一起的教学方法。根据这种现代先进教育思想、当前的课程改革，活动教学法已经不限于课堂教学，而是以各种主题为内容的活动走出了课堂，甚至走出了校门，与生活紧密沟通，让学生在学校的组织和教师的指导下，动手、动口、动脑，培养主动、合作、探究的学习品质。种种主题活动既给学生带来生动有趣的学习内容，也给儿童作文提供了丰富多彩的生活素材，主题活动写作应运而生。

主题活动写作内容来自学生的学校生活和校外生活的各种有一定主题的活动。从与学科学习有关的主题来说，有科技节、艺术节、体育节以及综合实践活动课程的项目学习和各学科的综合学习内容等等；从节日文化主题来说，有清明节的纪念英烈，重阳节的尊老孝敬，儿童节的欢乐庆祝，母亲节、父亲节、教师节的感恩情怀，春节、元宵节的喜庆文化等等。还有，为了发展学生的个性特长，学校还组织了各种社团活动，有艺术类、科技类、体育类、学科类和制作类等等。这些活动，为儿童提供了自主、自由、互动的生活情境。孩子们可以从各个不同的角度，捕捉不同的场面和镜头，体会不同的感受。这样写出来的作文一定是内容充实、情感真实的，也是各具个性的。

四、阅读感悟写作

以前都说，生活是写作的唯一源泉。其实，对于儿童来说，写作的源头除了生活，还包括阅读。这并不是说，儿童作文要到现成的书籍里去寻找写作的原材料，而是指从阅读中获得思想情感的滋养，提升认识和理解生活的能力，学习写作的方法，并且能迁移到自己的写作实践中，从而提高写作素养。这也就是谈写作一定要与阅读一起说的原因。

语文教材中的阅读课文，同时也是儿童学习写作的范文，孩子们在阅读时可以从语言和文章两个层面去理解课文写作的特点和妙处，体会这些写作方法对表达思想情感的作用，然后有意识地在自己的写作实践中模仿运用。因此，读写结合是阅读感悟写作最有效的途径。语文教师一定要全面理解阅读课文的教育功能，改变重阅读轻写作、重内容理解轻语言运用的倾向，把备课的重点放在作者是如何通过语言和文章两大因素表现思想情感的。在备课环节解读课文时，要把读写结合的点都梳理出来，然后有计划地安排在阅读教学的环节中，把阅读与写作有机结合起来。另外，阅读教学中的读写结合，不只是理解某个写作方法对思想情感表达的作用，因为这仅仅是写作知识的学习，并没有到达掌握写作能力的层面。能力是需要实践的历练才能获得，因此，每篇课文的最后环节或结束课时的教学内容，应该是课文最重要的读写结合点的写作实践，从而指导学生由写作知识的学习向写作能力迁移提升。

为了加强阅读，学校规定每周一、三、五的晨读和每周五的午自习为自主阅读时间，学生可以在学校图书室和班级图书角里选择借阅自己喜欢的书籍或文章，也可以从家里带来书籍阅读。节假日可以有计划地阅读适合儿童阅读的童话、神话、民间故事、成语故事和儿童小说，例如曹文轩、郑渊洁、杨红樱、黄蓓佳等著名作家的儿童文学作品。阅读之后，语文教师可以组织读书报告会、读书心得交流会，带动学生写作。这是阅读感悟写作的另一片天地。

除了有字书的阅读，还有无字书的阅读，这是一种广义的阅读。对生活的观察、体验和认识，就是无字书的阅读，学生由此获得的感受写下来也是阅读感悟作文。这是一种对内容和形式没有任何约束的自由写作，对培养孩子敏锐的洞察力、熟练的语言表达力很有好处。

第四节　儿童写作的实践样态

儿童写作样态大致可以分为三个阶段。首先起步阶段主要以口述为主，借助口头造句、看图讲述等等，这时的口头叙述是为今后的书面叙述打下基础。紧接着的过渡阶段有两种形式：一个是从口述向笔述过渡，即把口述的内容写成书面的东西；一个是从阅读向写作过渡，如模仿作文，读了一篇文章，模仿作者的构思、段落结构或写作内容进行仿写，也可以是对文本内容进行改写、缩写、续写。最后是独立写作阶段，要求儿童独立思考创作，如主题的确定、素材的选择、谋篇布局、遣词造句等等。

依据儿童写作课程设计的写作类型，我对阅读感悟型写作、生命体验型写作、学科交融型写作分别设计了不同的写作实践样态。

一、儿童阅读感悟型写作

阅读感悟写作，是指从阅读中获得思想情感的滋养，提升认识和理解生活的能力，积累优秀的语言材料，学习写作的方法，并且能迁移到自己的写作实践中。

语文教材中的阅读课文，同时也是儿童学习写作的范文。因此，读写结合，以读促写是阅读感悟写作最有效的途径。有选择地挑选课文，有筛选地提取课文最重要的读写结合点作为写作训练目标，指导学生由写作知识的学习向写作能力迁移提升。一般可以按下述的提纲来编写课程：

1.课题。

写明年级、册数、课题题目。

2.选取的写作要点。

以简洁的语句概括本次写作的要点。

3.教学流程。

(1)课文例话分为"课文内容"和"老师的话"两个板块。"课文内容"直接摘录体现本次写作训练要点的课文段落，或者摘引部分关键语段。"老师的话"结合对具体语段的分析，用提示性的话语提炼写作方法。要求：写作要点体现鲜明。

(2)课文例子拓展。列举或是摘录曾学过的课文语段作为例子，在反复阅读理解的过程中，帮助学生强化对写作要点的认识。"老师的话"同样要结合对具体语段的分析，阐述写作方法的表达作用。也可以把本课的语段与之前学过的课文语段进行比较，分析其中的细微差别，从而让学生更为全面地认识这一写作方法的运用。

(3)勾连。主要包含两点。①课外举例。列举课外类似写作方法表达的语段，目的在于帮助学生从多角度、多侧面认识与理解写作方法。②阅读要点。以问题的形式，帮助学生发现其中的写作方法、写作要点。问题设置语言简洁，以两个左右为宜，可以针对本篇语段，也可以把课内外语段结合比较阅读。

(4)写作提示。围绕本次写作要点，以简练的语言，提出具体的写作训练注意点。

(5)仿写。设置一个话题，提出简要的写作要求。

儿童阅读感悟型写作例举(1)

(苏教版四年级上册第17课《李时珍夜宿古寺》阅读感悟写作设计)

【写作要点】

感悟环境描写的作用,学习通过环境描写衬托人物品质和情感的两种方法。

【活动设计】

一、课文例话

课文内容:

(1)李时珍轻轻推开门,只见里面到处是灰尘,断垣残壁上长满了青苔,中间的神像蒙上了厚厚的蜘蛛网。

(2)夜幕渐渐降临了,师徒俩找来些枯枝杂草,生起火来。庞宪用陶碗舀来泉水,煮沸后,两人便坐在火边,一边喝水一边啃干粮。

(3)皎洁的月光透过露天的屋顶,照进房子里。

(4)寺外,山风呼啸,猫头鹰在尖叫着。圆盘似的月亮,慢慢移到了中天。

第一句话和第二句话以及"寺外,山风呼啸,猫头鹰在尖叫着"暗含环境恶劣的意思。"圆盘似的月亮,慢慢移到了中天"暗含时间已经很晚了的意思,说明李时珍整理书稿到很晚。

师:课文明明写李时珍,为什么还要花这么多笔墨进行环境描写,是不是离题呢?当然不是。文中对古寺的荒凉和简陋做具体描述,通过环境的恶劣,反衬出李时珍不怕吃苦的可贵精神。

二、勾连

1.苏教版四年级上册第8课《虎门销烟》中第二小节。

这一天,天气晴朗,碧海、蓝天、绿树,把古老的虎门寨装点得分外壮丽。一大早从各地闻讯赶来的男男女女、老老少少,把宽阔的海滩挤得水泄不通。新搭起的礼台上彩旗林立;礼台下,一侧是身着朝服的文武官员,另一侧是应邀前来观看的外国商人。

理解“碧海、蓝天、绿树”为什么在这一天显得分外壮丽？这是运用移情的手法，表明人们内心极其激动、高兴，所以觉得今天碧海、蓝天、绿树也是不同于往日。这一课的环境描写是用环境的晴朗衬托硝烟的壮观和人们的激昂之情。

2. 苏教版三年级下册第11课《赶海》。

太阳偏西了，赶海的人们三三两两地离去，喧闹的海滩渐渐恢复了平静，只有海鸥还沐浴着晚霞的余晖，在水天之间自由自在地飞翔。

文章结尾处为什么有这么一段景的描写？文章是用这样一段美景表明“我”赶海的快乐心情。叙事当中插入景的描写，以景衬情，更好地凸显主题。

三、小结

1. 衬托的作用。

在一个场景的描写中，往往既有景物，又有人物；描写景物的目的，是为了突出人物，因此，景物对人物就起着衬托的作用。

2. 衬托的两种方法。

(1)《李时珍夜宿古寺》里几段环境描写，是通过环境的恶劣，衬托李时珍不怕吃苦的可贵精神。环境描写在文中是从反面来衬托人物的品质。

(2)《虎门销烟》和《赶海》里的两段环境描写对人物的衬托与上面的衬托不一样，是正面的衬托。《虎门销烟》是用环境的晴朗衬托硝烟的壮观和人们的激昂之情，《赶海》是用一段美景表明“我”赶海的快乐心情。

四、延伸

景物描写一：

我撑起一把雨伞，踩着与雨一样好听的韵律，走在细雨湿润过的路上，脚很舒服，心很惬意。淅淅沥沥的雨落在伞上，沿着伞面轻轻地滑落，一滴，两滴，三滴……雨滴像断了线的珍珠不断地落下来，跌到水坑里，绽放出一朵朵小花，泛起一道道美丽的水纹。

景物描写二：

天的心情就好像和人一样，捉摸不透。哗啦啦，一场暴雨闪电般从天而降，残忍地砸在人的心上，刺痛心口。这场雨昏天黑地地下了整整一个上午。

引导学生在读中体味景物描写的妙用。同样是写“雨”，有的人笔下的雨是欢快的，有的人笔下的雨是无情的、冷酷的。因为人的心情不同，表达出来的情感不同，给人的感受也不一样。

五、练笔

情景一：

李霞语文考试只得了66分。回家后，一向严格的妈妈会怎样教训她？还有和同学约好星期天去钓鱼，不知道还去不去得成？揣着那份沉重的试卷，李霞忐忑不安地走出校门……

情景二：

李霞语文考试得了90分，全班第一！一向重视学习的爸爸妈妈知道后，会怎么褒奖她呢？买玩具，还是买零食？还有，上次爸妈答应给她买羽毛球拍，何不趁热打铁？揣着那份写满希望的试卷，李霞喜滋滋地走出校门……

那天，走出校门的李霞，或许路过公园，看到了公园的栅栏，看到了公园里的绿树，看到了一缕夕阳。或许路过建筑地，看到了成堆的垃圾，听到了烦闷的噪音。

引导学生根据以上两个情景，体会人物的心情，运用衬托的两种方法，描写景物。

儿童阅读感悟型写作例举(2)

（苏教版四年级下册第22课《宋庆龄故居的樟树》阅读感悟写作设计）

【写作要点】

了解对比描写的作用，学习对比描写的妙用。

【活动设计】

一、课文例话

课文内容：

别的树木容易招虫。从同一棵石榴树上，可以捉到三四种不同的虫子。它们还要养儿育女，繁衍后代，子子孙孙都寄生在树上。而樟树本身却有一种香气，而且这种香气能永久保持。即使当它枝枯叶落的时候，当它已经作为木料制作成家具的时候，它的香气仍然不变。只要这木质存在一天，虫类就怕它一天。樟树的高贵之处就在这里。

课文写樟树，为什么还要写别的树木，是不是离题？让学生明白对比描写的表达效果：写别的树木不是离题，是为了通过对比衬托樟树拒虫的特点，表现樟树的服务品质。对比描写，可以更好地突显所写事物的特点。

二、勾连

苏教版四年级上册12课《桂花雨》第一节：

小时候，我最喜欢桂花。桂花树不像梅花那么有姿态，笨笨拙拙的。不开花时，只是满树茂密的叶子；开花季节，也得仔细地从绿叶丛里找细花。桂花不与繁花斗艳，可是它的香气味儿真是迷人。

(1)引导学生思考：作者喜欢桂花，为什么还要拿桂花和梅花做比较，写桂花的样子不好看呢？桂花的样子如此不好看，作者还喜欢桂花，证明桂花的香气的确太迷人。

(2)《桂花雨》的对比描写与《宋庆龄故居的樟树》的对比描写一样，是为了突显文中的主角。只是《桂花雨》的对比还用到了欲扬先抑的写法。对比描写可以在文章的开头，也可以在文章的中间，当然还可以放在文章的末尾。

三、延伸

(1)出示文字。

老师一走，大家就活跃起来了。有的大叫，有的跑来跑去，还有的在玩水彩笔和各种颜料。这时，有几个好学生也忍不住加入了他们的队伍。顿时，整个班比菜市场还要热闹。只有陈钰轩在埋头写字，笔在她手中不停地转动。她完全沉浸在自己的作业中，似乎根本没有听到周边的喧闹。

(2)阅读文字，让学生说说这段话中什么与什么在作对比。

(3)除了写物体与物体的对比外，还可以写人与人之间的对比，通过两者不同的表现，体现出所写人物的特点。

四、练笔

让学生写自己喜欢的一种植物或是夸夸身边的一个人。通过对比描写衬托出植物或人物的特点。

二、儿童生命体验型写作

生命体验写作，可以结合学生的年龄特点、学生的生活及参加的相关活动，从“我与他人”“我与自然”“我与社会”“我与自我”四个不同主题，交流学生所获得的生命成长体验。以三年级为例，从不同主题设计写作训练的话题：

(一)“我与他人”主题板块写作训练

1.“介绍我的朋友”话题设计。

【语境创设】

“找啊找啊找朋友，找到一个好朋友。”朋友，是我们生活中不可缺的一部分。那么，你的朋友在哪里呢？他又是谁呢？现在，请你给大家介绍一下这位好朋友吧？让大家在你的介绍中认识他，可能的话，也能成为大家的朋友哦！

【写作训练目标】

(1)学会用通顺的语句描写人物的外貌，最好能抓住重点来写特征。

(2)能用几句话详细地写一写人物的性格(或爱好)，但不需要将所有的优缺点都写出，语言通顺、合理。

2.“我的好妈妈”话题设计。

【语境创设】

(此项作文设计在3月8日妇女节之后)今天是3月8日国际妇女节。

在这个特殊的日子里，让我们给自己最可亲可爱的妈妈送上一份节日礼物——用我们的文字来夸一夸她。既给妈妈送上礼物，又向大家介绍了妈妈，真是一举两得！同学们，赶快行动吧！

【写作训练目标】

(1)能用通顺的语句描写人物的外貌。

(2)能用一件具体的事夸夸妈妈，从而突出人物的特点。

(二)“我与自然”主题板块写作训练

1.“春天的农耕园”话题设计。

【语境创设】

利用课余时间带领孩子参观校园的农耕园，让孩子来到农耕园，近距离地接触、认识农耕园，让他们观察：春天到了，农耕园里的蔬菜、果树有什么变化？

“春天在哪里呀，春天在哪里？春天就在我们的校园里，就在校园的农耕园里。”同学们，刚才我们参观了农耕园，在果树蔬菜身上，你有什么新发现吗？来到那儿，你开心、快乐吗？那就赶快用笔记录下来吧！

【写作训练目标】

(1)能把农耕园里的新发现写下来，注意有重点地叙述。

(2)语句通顺，最好能写生动。

2.“介绍你喜欢的小动物”话题设计。

【语境创设】

动物是人类的朋友，更是小朋友们的好伙伴，它们让我们的生活更加丰富与多彩！你喜欢的小动物是什么呢？它长什么样子呢？平时，你是如何逗它，它又是怎样对你的呢？仔细想一想，把它写下来吧！

【写作训练目标】

(1)既能写出小动物的外形特征，也要刻画出小动物的行为习惯等。

(2)能写出自己和小动物快乐交流的过程，语句通顺。

(三)“我与社会”主题板块写作训练

1.“快乐的愚人节”话题设计。

【语境创设】

4月1日是愚人节,教师利用这一特殊的节日为资源,事先制造与学生玩笑的一些素材,比如:毫无征兆地宣布要进行一场重要的练习,然后在学生左顾右盼、慎重认真准备的前提下下发练习卷,最后得知只是一场玩笑。抓住机会,让学生把“责怪—紧张—释怀”一系列复杂的心情写下来。

【写作训练目标】

(1)把整个过程用通顺的语句表达出来,内容要真实、合理。

(2)能写出自己的心理活动变化过程,或者写出其他同学当时的表情。

2.“快乐的校园活动课”话题设计。

【语境创设】

每天的校园活动课是学生放飞身心、快乐活动的时间。在活动课上,同学们有时进行小组滚轮胎比赛,有时进行骑自行车比赛,还有时进行滑板训练……在活动中,有小组团结意识的培养,也有个人体能的训练,有开心,也有难过。教师在组织了一节具体内容的活动课后,让学生把这节课的活动过程写下来。

【写作训练目标】

(1)把活动的过程写下来,但不需要从开始写到结束,选择自己参与活动的一个片段写。

(2)用通顺的语句把自己活动的心理变化、感受写下来。

(四)“我与自我”主题板块写作训练

1.“假如我是……”话题设计。

【语境创设】

小朋友的小脑袋里藏着无数个千奇百怪的想法,有的想变成一只白鸽,有的想变成孙悟空,还有的希望自己是一名服装设计师……总之,自然界的其他物种、社会上的各种职业、故事中的角色都可能成为我们想实现的。只要你够大胆,那就把自己想说的说出来吧!

【写作训练目标】

(1)选择一个主题用几段话详细地写下来。

(2)展开丰富的想象,把自己想说的话表达出来,注意要语句通顺、合理。

2."小小心愿"话题设计。

【语境创设】

平凡的生活中,我们每个人都有一些小小的心愿藏在心间,为含辛茹苦的妈妈做一件事;放假了去自己一直想去的地方;生日那天,想收到什么样的礼物……你的心愿是什么?为什么会有这样的心愿?假如你的心愿实现了,你的心情又是怎样的呢?现在请你将小小心愿说出来吧,看谁说得最生动,让人听了想马上帮你去实现!

【写作训练目标】

(1)学会发挥合理的想象,表达自己的真情实感。

(2)能用通顺、具体的语言写下自己的想法,并能够较完整地将心愿表达清楚。

三、儿童学科交融型写作

为了更好地"让生活成为笔下的素材,让作文在生活中行走",切实从学习、生活中打开学生的写作视角,丰富学生的写作素材,体现写作在生活中的交际功能,我试着打开课程之间的联系,通过中高年级学科交融写作引导学生反思、总结方法与经验,从而促进学生更好地学习。

数学学科:中年级学科交融写作可以是针对一类有共性的题目,请学生整理出思考的过程;也可以是针对错题做出整理,说明错误的原因或是哪一环节的失误。高年级学科交融写作可以是针对一类有共性的题目,请学生整理出解题的思路;也可以是由学生针对错题说哪一步或是哪一个环节出错，为什么会造成错误。鉴于高年段学生有一定的以知与学习能力，还可以要求学生能有所反思，每次写作都能写出自己的反思所得，包括总结出的成功经验或失误教训。

科学学科：中年级学科交融写作可以是通过一段时间的观察记录，描述出事物的生长变化过程，或是记录下一个亲自动手体验的实验过程。高年级则可以通过写一个实验报告，记录自己在实验中的发现及探究所得的科学知识。

品德与社会学科：中年级学科交融写作可以由任课教师选择一个话题，请学生分组讨论。通过话题讨论、交流，最后请学生用文字表达自己对这一话题的看法。对于高年级学生，可以针对某个话题组织一次辩论赛，让学生从正、反两方展开辩论，最后请学生摆出自己的观点，并用事实说理，写成一篇小议论文或说理文。

体育学科：中年级学科交融写作可以介绍教师在体育课上组织大家玩的一个游戏，写出游戏的规则及过程。高年级学生可以依据教师所教的某个技能，较详细、细腻地写出自己实际操作的一连串动作要领及注意要点。

美术学科：中年级学生可以讲述自己构思、自己动手完成一幅手工作品或是绘画作品的过程。高年级学生可以借助美术欣赏课，通过教师对画家及其作品的介绍，用文字表达自己上完鉴赏课后的认识，可以介绍画家，也可以介绍自己喜欢哪幅作品，说明理由，并由此做出评述与赏析。

综合实践学科：中年级学生可以介绍自己在本学期综合实践活动中所担任的职责、活动过程或开展本次综合实践后自己的感受等。对于高年级学生而言，在一学期的综合实践开展过程中，不同阶段会有不同的活动，比如讨论决定本学期的综合实践主题，进行采访、调查问卷、参观、亲自体验，成果汇展等，学生可以自由选择某个阶段所开展的活动，写出这个活动开展的目的、小组合作的分工，活动的过程、结果及自己的感受与收获。

音乐学科：中年级学生可以依据音乐开展游戏活动，记录游戏过程。高年级学生可以借助音乐欣赏课,通过教师对音乐家及其作品的介绍,用文字表达自己上完鉴赏课后的认识,可以是介绍音乐家,也可以介绍自己最喜欢他的一首曲子,说明为什么喜欢,这样的旋律带给你的遐想与感受,并由此做出评述与赏析。

借科学的眼睛描绘自己的创造

——《我的 LED 灯》写作教学设计

【教学目标】

(1)学习用一定的说明方法来介绍事物的特征。

(2)学习如何有条理地介绍科学课上自己动手设计的灯。

【教学过程】

板块一:理清写作内容

师:看了同学们在科学课上自己动脑、动手设计的 LED 作品,真是让老师眼前一亮,假如老师也想学着做一做,你会向我介绍哪方面的信息,让我对这个作品有深入的了解呢?

学生交流,教师归纳并板书。

板书设计

我的 LED 灯

写作内容

说明文
- 怎样做的(材料、线路设计)
- 外形有什么意义
- 使用时需要注意什么
- 它的特别之处

注意过渡,内容不重复

师:(总结)同学们说了这么多,老师把大家说的归纳了一下,就是要说清楚四个方面,把这些内容串联起来就成了一篇说明文。

点明说明文就是以说明为主要表达方式的一种文体,或介绍事物的形状、性质、功能，或阐明事理，目的是给人以知识。

师：今天我们要完成的这篇说明文就是为了介绍自己制作的LED灯，让读者一看就明白。

板块二：教说明方法

师：那怎么才能把这篇说明文讲明白，让读者一读就能读懂，对LED有清楚的认识呢？那得讲究一定的方法。

出示苏教版五年级下册《埃及的金字塔》片段：

古埃及各个王朝修建的大大小小的金字塔共有70多座，其中最大的是开罗近郊的胡夫金字塔。这座金字塔高146米高，相当于40层高的摩天大厦。绕金字塔一周，差不多要走1千米的路程。塔身由230万块巨石砌成，这些石块平均每块重2.5吨……这些石块磨得很平整，石块与石块之间砌合得很紧密，几千年过去了，这些石块的接缝处连锋利的刀片都插不进去。

学生自由读，找找文中把事物特点说清楚的秘诀是什么，并讲明用了哪些说明方法。

学生交流。

师：（总结）这段话运用了列数字、举例子的方法告诉我们金字塔的数量之多和最大的金字塔。

引导学生关注"相当于"，不但列举了数字，还用我们熟悉的事物作比较，使得遥远而陌生的金字塔离我们近了，让我们对金字塔有了一种形象感。

板书说明方法：举例子、列数字、做比较。

学生齐读。

教师补充图示法。（有些事物的关系抽象而复杂，仅用文字说明还不能使读者明白，这就需要附上示意图，或按比例精确绘图，如产品设计图、军事行动路线图等。有时，被说明的事物项目较多，也可制定统计表，将有关数

字分别填入表中，使人看了一目了然）

师：为了说清楚这个板块内容，请同学们思考下，我们可以借助哪些说明方法来把特点或制作过程说清楚，说具体。学生交流，老师协助梳理并板书表3—1。

表3—1 《我的LDD灯》写作内容与说明方法

	写作内容	说明方法
我的LED灯	设计意图	做诠译
	怎样做（材料、线路设计）	图示法
	外形特征	列数字、做比较
	使用方法	举例子
	特别之处	做比较

师：（过渡）下面谁愿意做一回产品设计师向我们介绍一下LED灯的制作过程呢？

学生口述，教师穿插指导。

板块三：学生分组写

请一名学生介绍制作过程。（教师穿插指导，如说明方法是否用了，表述是否科学、准确。材料和线路是否都说明白了）

小组商量分工。围绕设计思路、制作过程、使用方法、特别之处与蕴含的意义，确定四人小组每人写一个板块。

学生分板块写。

指名交流。（段与段之间的衔接，需要有恰当的过渡，每个板块的内容之间不能重复）

板块四：后续

课堂真是精彩无限，老师感受到了你们成功的喜悦，也感受到了你们无穷的智慧，相信在制作LED灯过程中还有许多小故事吧，比如：有没有新的创意？谈谈改进的建议？设计时是怎样与其他同学合作的？制作过程中有没有出现矛盾、分歧，之后又是如何解决的等等，都可以动笔写下来，这样的花絮同样精彩。

借科学的眼睛描绘自己的创造

——《我的LED灯》写作教学设计意图

为了打通语文学科与其他学科之间的联系，把写作融于各个学科之中，借助各门课程安排不同类型的写作训练让学生接触并学习不同文体的写作方法，提升写作能力，并且在写的过程中引导学生用写作表达自己对课程的学习，包括学习的体验与感受、学习的过程、学习的成果总结、学习的反思等，在写作中提升学生自我学习的能力，在积极健康、富有营养、充满情趣和交互作用的环境里，促进学生言语智能的持续发展，我们尝试了学科交融写作活动。选取了五年级的学生，以一次语文课与科学课的学科交融写作教学为例。

第一节课由科学老师执教有关LED灯的制作。科学老师的教学内容是教给学生电池的正负极在电路设计中的安装，电路通电、电线串联LED灯的方法。教给学生原理后，由学生自己思考动手完成LED灯的电路设计，可以串联，也可以并联。

第二节课由语文老师根据刚才科学课的上课内容进行写作指导——试着介绍自己制作的LED灯。首先在学生的交流中帮助学生梳理、理清写作的内容，可以介绍自己制作LED灯的设计意图，可以说说自己动手制作LED灯的过程，也可以描述下设计的LED灯的外形及其使用方法，还可以描述制作过程中遇到的小麻烦，讲述制作过程中发生的小插曲……多样的写作素材，让学生把自己最想说的写下来。明确了写作的内容后，还要教方法，把事物说清楚、说明白。介绍一样物品，如何把事物的特点说清楚？那必定需要运用一定的说明方法。教学中出示学过的课文《埃及的金字塔》段落，回顾说明方法，并明确列数字、举例子、做比较适用于什么样的语境中。其次，引用课外例子补充说明方法——图示法和统计法，这两个说明方法可以让读者更为直观地了解所要介绍的事物。学习了说明方法后，再回到本次写作中，思考刚才梳理的这些写作内容分别可以运用哪种说明方法来介绍。学生根据教师的指导，尝试介绍自己设计的LED灯。教师及时点评、指出问题。最后由说到写，把科学课上创作的成果用文字表述下来。

学科交融写作，涉及学生学习生活的所有领域，因而拓宽了儿童作文的视野，丰富了儿童作文的素材，是语文学科作文教学的补充和延伸。从指导儿童学会学习出发，设计学科交融写作，回顾学习过程，体悟学习感受，总结学习成果，反思失误不足，这对提高学生的学习能力和综合素养有促进作用。例如，科学学科教学中经常要做实验，某一个实验并没有得到有定论的结果。于是，寻找失败的原因，改正错误，重新来过，获得了理想的结果。把这样的学习经过写下来，就是反思性作文。这种作文训练不仅对语言表达，而且对思维开发都是非常有价值的。再例如，数学课上对圆面积的推导过程就可以写成一篇数学小论文。这样的写作活动，有助于学生对圆的面积公式的理解，也是促进学生反思能力和思维训练的别样路径。所以说，以写作贯穿各科学习的学科交融写作，是以写作这种方式促进学生养成自我学习反思的习惯，帮助学生在整理学习过程、记录演算、推导等活动后加深学习体悟，从而促进学生的各科学习。

第四章 儿童写作的教学策略

阅读与写作就像是语文教学的“两条腿”，两者缺一不可，“迈开”这“两条腿”，才能大步向前走。借助阅读课上的迁移训练，给予学生写作的“支架”，学习语言表达的技巧，在润物无声中提升学生的语文素养。

教儿童写作，不管是教人物的语言描写，教人物的动作刻画，还是引导学生体悟一个无声、无形的内心世界，学会细腻表达自己的内心，都要细细分解成有梯度的教学环节，落实到每一级台阶的小步教学中，学生才能稳妥地走好每一步学习之路。

教儿童写作，只在“纸上谈兵”，永远是场空。教了写作技巧与方法，还要让学生练起来、用起来。语言表达的习得唯有在实践运用中才能内化为学生自己的语言，从而构建属于学生自己的言语表达系统。

第一节　阅读仿写:迈开写作的第一步

《义务教育语文课程标准(2011年版)》中指出“写作是运用语言文字进行表达和交流的重要方式,是认识世界、认识自我、进行创造性表述的过程。写作能力是语文素养的综合体现”。的确,“作文是学生认识水平和语言文字表达能力的体现。”每一位从事语文教学的教师都把作文教学作为语文教学的重点。然而,“教师教学难、学生作文难”的问题一直困扰着小学作文教学,影响作文教学质量的提高,使作文教学由语文教学的重点成为既重又难的焦点。

首先,儿童自由表达的欲望和能力被抑制。作文是一种表达,是人的一种需要,它应当像说话一样自然、流畅、愉快的。美国教育学者认为,在学习写作以前,学生们一般认为自己本来就会写作(以自己的方式),他们甚至能自己“出版”书籍。但是,从语文课上开始作文教学以后,我们的学生就越来越不能“自由”地表达了。许多教师因目标设计及教学方法的不当,使得学生失去了写作的兴趣、热情,学生变得有话不敢写,不愿写,甚至害怕写,因此,写作能力得不到提高。

其次,舍本逐末的提高方式。如今,几乎每个小学生的手边都准备了百宝全书——关于作文训练的书,还有许多急于提高孩子作文分数的家长,把孩子送进了各种各样所谓的“作文速成班”。当作文速成的梦想没有实现时,教师和家长便拿出最后的撒手锏——让学生背作文以应对考试。的确,这种做法一度被广泛使用,然而对学生写作真实水平的提高却收效甚微。

再次,儿童写作内容的虚假化。叶圣陶提出:“要写出诚实的话,非由衷之言不发,非真情实感不写。”《义务教育语文课程标准(2011年版)》也提出作文要“感情真实”。但遗憾的是,小学生虚假作文的现象非常严重,胡编乱造或是抄袭作文的现象十分普遍：写到给予别人帮助的事例，不是叙述在公交车上让座，就是写借给同桌铅笔、橡皮之类；写到父母，不是描写父母冒雨送伞到学校来，就是介绍自己生病时父母如何悉心照顾；写到老师，不是描述老师到家里为自己补课，就是描述老师挑灯批改作业，有的甚至是为了得到一个高分，编造父母双亡、离异、残疾的不幸事件，作文中的假话、空话、套话随处可见，真是真假难辨啊！其实，作文和做人，在求真上是一致的。因此，学生的作文虚假化不仅影响了学生的作文能力，还影响了他们的健康成长。

如何驱除学生对作文的畏难情绪，需要教师重新审视作文教学，探索最佳的教学途径；如何把学生真实的写作素材如同散落在海滩上的贝壳一样拾掇起来，需要教师用慧眼去发掘，去启发；如何把学生心中真实的话匣子如同封闭已久的铁门一样自然开启，需要教师用心灵去感化，去赏识……让我们从最基础的写作技能、技巧训练入手，引领着学生用童眼看世界，用童心感受世间一事一物，用童言描述大千世界，从而创造出一篇篇灵性的奇迹……

迁移仿写，是作文起步的阶梯。蜜蜂酿蜜，就先采蜜。古语云：读书破万卷，下笔如有神。头脑中空空的，是写不出好文章的。因此，教师要注意学生的课内外阅读，让学生多读书，多看报，多听少儿广播，多看少儿节目，读懂经典课文及课文中的习作例文，这样，才能增长知识，丰富语言，言之有物。作文能力发展的规律是：先积累后表达，由模仿到创造，从量的积累到质的突破。大教育家朱熹就曾指出："古人作诗作文，多是模仿前人而作之。盖学之既久，自然纯熟。"由仿到创，学生自觉地把习作根植于阅读，从中汲取别人的言语智慧，摄取智力模型和语言模型，贮存大量的语言材料，学生在习作时就易于做到即时信息与已有模型的自动匹配，从而大大降低作文的难度。

迁移仿写，应注重从读学写，读写结合。多读就要指导学生读好文章。

“读内容和表达方面都可资取法的作品。多吸收好的表达方法，融会而储存之。”“了解文字意义之外，还要把文字所含的思路条理和语言条理印入脑海中，成为熟套的一部分。”“多写的作用也包括两方面。一方面，由读来的熟悉，必须通过自己的笔才能明朗、巩固，成为熟练。另一方面，写不只随着思路走，还是整理思路的过程，必须常写，内容才可以精粹，更有条理。”（张中行语）

迁移仿写，即以范例的章法为章法，依章循法地引导学生从事写作练习，通过对范例进行分析、理解和仿写，从而使学生掌握其中的思想脉络和写作方法，循序渐进地掌握写作技能，提高写作能力。吕叔湘先生说：“使用语言是一种技能，跟游泳、打乒乓球没有本质的区别，任何技能都必须具备两点，一是正确，二是熟练。要正确必须善于模仿，要熟练必须反复实践。”那么，如何选取范例呢？每一篇课文无论是从句式表达、谋篇布局还是主题的确立，都是值得学生学习、借鉴的，从学生最亲近的教材入手，以每课一练、课后小练笔的形式进行仿写、内化、迁移、运用，做到读中有练、练中有读、读练结合，不失为一种“润物细无声”的有效方法。

句式的仿写，是迁移仿写的起步。语言是构成文章的基石，好语言的准确使用，能为文章增色不少。因此，教师在平时的教学中要撷取课文中极富生命力的语言，有意识地对学生开展多种形式的句式训练。在学习课文中运用比喻、拟人、排比等修辞手法的句子时，教师也可引导学生领略其精妙之处并进行迁移模仿。如《威尼斯的小艇》一文中，从远处看形态像新月，走近点像独木舟，行走起来又像水蛇般灵活有三处比喻，“像新月”“像独木舟”“像水蛇”表现了小艇的独特风格，学生也在不同的审美情趣之下引发出种种不同感受。时机成熟，教师说：“威尼斯的小艇不但形态美，坐上去还真舒服，不过我们大街上穿梭的汽车也不赖，谁能为大家介绍一下大街上的汽车？”经过这样引导，大多数学生写起来都会得心应手。

片段的仿写，是从写句到写篇的过渡训练。学生刚开始写作文，对一段中句子与句子之间的联系很难把握。因此，要加强片段的仿写，从仿写中使学生了解段的构成，逐步形成段的概念。段的结构形式多样：如《翠鸟》一课第二段的总分方式；《黄山奇石》描写“仙桃石”和“仙人指路”的并列式构段；《惊弓之鸟》最后一段的因果关系。对于这些构段方式典型的段落，是片段仿写得最好的范例。如《翠鸟》第二自然段，作者是通过头部、背部、腹部三方面来具体说明翠鸟的颜色非常鲜艳。待学生明白写法后，教师可趁热打铁，进行读写结合，要求学生按照这种写作方法以“爸爸的手”或“妈妈的手”为题进行仿写。除了学习段结构形式，还可以仿写人物语言、动作、心理活动。课文《穷人》中，桑娜没有与渔夫商量，便把西蒙的两个孩子抱回家，她忐忑不安地想：“他会说些什么呢？……嗯，揍我一顿也好！”这段心理描写，表现了桑娜复杂的心情，也衬托了桑娜为救人之难，宁愿承担一切后果的美好心灵。学习了这段课文后，可让学生以“我心爱的钢笔丢了”为题写一段话，要求学生进行客观的分析，描绘出自己的内心感受。

篇章的仿写，是学习文本的构思与布局。篇章的仿写犹如临摹，利用现有的文章框架，去填充新的内容。例如，为了让学生学习《秋游景山》这一课的写作顺序，在教学时可以先让学生掌握作者的游览顺序，理清课文条理后，让学生思考一下作者主要写了哪些地方，找出文章的详略，抓住描写的特点；再让学生弄明白详写的部分写了什么，怎样写的，表达了作者怎样的思想感情。最后，引导学生找出过渡句式。学生掌握了游记一类文章的写作规律后，再要求学生按照上述写作方法仿写“游________”，学生大都能写出一篇像模像样的游记。又如，对谋篇布局的仿写，课文《我爱绿叶》以“总—分—总”的结构叙述，一开始先提出问题“你最喜欢什么”引出“我却要向绿叶献上一片痴情”，点出我爱绿叶的感情之深。接着用“我爱绿叶，因为……”的句式，分别说明了我爱绿叶的原因。最后与课文的开头照应，表达作者的愿望。教师可引导学生在充分朗读理解的基础上进行全方位仿写自己最喜欢的一样植物——“我爱________”。当然，无论是哪种仿写，都要求学生仿中有变,仿中有新,能结合自己的实际情况,写出真情实感。这种以仿带写、以仿促写的方法,可以推动学生向完全独立性的作文过渡。

模仿和创新的关系就好比溪水与大海,模仿是为创新服务的。仿写的最终目的是将模仿引向创造,在模仿中培养学生的独创精神。余秋雨先生说过,作文是“生命与生命之间的表达与沟通”。而每一个生命都是独特的、不能复制的个体,他们有着全然不同的先天禀赋和生命体验。因此,作为生命个体“反映生活、交流思想、表达情感”的形式——作文,应当具有个性,也就是说,个性化是作文的精神,我们应该让学生用自由之笔,写自我之境,抒自得之情,表自觉之意。

儿童写作创出童心无忌。作文是儿童表达思想情感的重要载体之一,也应该是他们抒发个性情感最自由的天地。可是,如果我们的作文教学仍然习惯于树立“意义”的灯塔让儿童仰望,把生动活泼的作文教学异变为毫无生气的技能训练,这样的作文教学必然远离作文的本原。

学生在写作文的时候,我们常能听到学生无奈的叹息:“老师,我没事可写!”难道学生们真的是无事可写吗?其实,学生的生活接触面比起他们的前辈来不知扩大了多少倍,他们所感知的、经历的事件无穷无尽,他们缺乏的只是大人们眼里的所谓的“有意义的事”,我们顺手把孩子们的思想清理干净了,然后“越俎代庖”,塞进去一些“成人的东西”。例如,一个小学生在一篇有关“猫”的文章中写道:“猫太贪吃,一闻到鱼腥味就偷偷溜进厨房想趁机偷吃奶奶烧好的鱼,这时,我们就不得不加强对它的防备,真令人讨厌!”“有时,深夜了,它还喵喵地大叫,打扰我们全家和邻居们的休息。”结果,这篇作文却遭到了家长的反对,于是,学生在家长的指导下重新立意构思,将作文定位为赞美猫的本领大,有捉鼠之绝活,最终得到了老师的表扬。也许,你、我、他都曾演绎过这样的故事,因为我们总觉得自己比孩子们懂得如何生活,如何写作文。

作文是生活的反映,也是人性的折射。生活是多彩的,人性也是多棱的，既能折射出真善美，也能反映出假恶丑，甚至还会有调和的中间色彩。要敢于像教育家苏霍姆林斯基所说的那样，“用惊奇、赞叹”去治疗“大脑两半球神经细胞的萎缩、惰性的虚弱”，放手让学生用自己的眼睛看世界，用自己的思维感知事物，让学生多角度个性化地立意，才能使学生在作文中大胆地吐真意、发真情，放飞自己的心灵，展示多彩的童心世界。如果我们能用儿童的眼光去赏识他们的作文，能用儿童的思想去宽容他们的作品，或许，我们就能见到一些久违令我们感动的灵性及悟性……

儿童写作创出童笔生花。《义务教育语文课程标准(2011 年版)》提出了作文教学的新理念——“写作要表达自己对自然、社会、人生的独特感受”“多角度地观察”“有创意地表达”。学生的作文原本就不同于作家的创作，所以教师不要以任何规定去捆绑孩子，不要让学生有“作文该不该这样写”的顾虑，请让我们期待着学生个性化的作文形式。当然，“有创意地表达”即形式创新并不是片面地追求形式主义，它是对作文的外部包装。我们应该鼓励学生在打好写作基础的前提下，大胆地发挥自己的创造力，给自己的文章寻找一个最有利于表达而又最符合自己个性的外部形式，更好地展示自己独特的写作个性。例如，一位教师布置学生写一段“天气预报”，其中一位学生把天气预报和幽默嫁接起来，创造了一段另类的“天气预报”：近日，亚洲大部分地区将一改往年的沙尘暴天气，而要刮几天的祥和风；被干旱困扰多年的非洲也将迎来同情雨，让黑人同胞体验一下“久旱逢甘露”的滋味；欧洲反战声势不断扩大，反对战争求和平的飓风也前来助兴，加入祈祷和平的行列；北美南美的足球雾当然不会忘了飘来看世界足球赛。瞧，学生以其独特的创意妙想，以其个性化的思维，运用联想，刻画了一段与众不同的幽默的作文，给作文来了个“如此包装”。当然，我们也不能把“有创意地表达”定位过高，这样就会人为地造成另一种形式的拔高作文要求的倾向，又一次使儿童作文走向歧途。

儿童写作创出童言灿烂。童年是充满幻想的岁月，儿童并不像成年人那样现实，他们更多地生活在物我一体、精神现实不分的状态。因此，他们是天生的语言学家和浪漫主义作家。当孩子被问道："小草为什么发芽了？"他们回答："小草等不及，要看看太阳了。""小草伸了个懒腰就发芽了。""因为小草要探出头来看小朋友们做游戏，所以它发芽了。"如此天真、活泼的孩子，他们是想不到"小草发芽，是因为春天来了"。

著名作家王旭峰说："儿童写的东西，可以说是天使在说话。"我们要尊重他们的表达习惯，肯定、欣赏他们的"童话"，鼓励儿童把原汁原味的儿童话语写到作文中去。对他们在学习和运用语言中所犯的错误，要持宽容的态度。儿童在学习、运用语言的过程中，会形成一套只属于他们的话语系统，来表达自己的所见、所闻、所思、所感。这套话语系统独特而富有情趣，词汇虽然不丰富但很生动，不够规范但有创意，表达不精确但足以描述他们的生活。让我们学会欣赏学生的每一篇习作，因为他们的作品是有生命的，是有活力的，是有灵性的，是多姿多彩的！

第二节　内心体察：发现不一样的自我

所谓内心体察就是要让学生在亲身经历和体验中观察、感受、认识，体悟自己内心真实的想法和详尽的思考过程，继而用文字表达出来。对于中年级的学生，我们需要经常性的训练活动，刺激学生的有意注意，唤起学生对自己内心世界的有意识的观察，培养学生关注内心活动的写作意识，把心理描写自觉融入写人、写景、记事等文章，做一个好的配角。高年级学生已初步具有了进行自觉逻辑判断的能力，能够比较独立、有根据而又明确地论证一些比较简单的判断和推理，可以引导学生尝试记录内心对事物做出思考、分析、辨别、判断、推理的连续性过程，让心理描写成为文章的主角。通过分层、递进式的训练，学生会时刻感受到这个广阔的内部心灵世界的存在，会重视它，关注它，并日渐敏感起来，久而久之，在实践运用中不断提升自己的内心敏感力。

一、计算与写作联姻——“算 24 点”

每个学生每天都会用大脑思考：课堂上，教师每提一个问题，学生需要思考怎么回答；做数学题，学生需要思考怎么解题；做科学实验，需要缜密思考怎么才能顺利操作；美术课上画什么，需要思考设计周全……学生每天都会经历无数个思考的过程。每个思考也许就在短时间内擦出智慧的火花后便戛然而止或一闪而过，于是乎，大多数学生根本没有在意或留意到一个心理活动片段乃至整个过程。

教师引导学生关注思考的过程，可以通过玩一个学生感兴趣又容易操作的游戏“算 24 点”。教师故意出四个凑不成 24 的数字——10、9、6、6。如此一来，学生就会在心里这样想，那样算，反复思考，每次尝试失败后，或许还会担心其他同学抢先一步想出方法，或许还会责怪老师出题太难，怀疑老师出的四个数字根本算不成 24……在左思右想的过程中还穿插进五味交杂的各种想法，心理活动的时间长、内容丰富，难道学生还怕不会用文字记录下来吗？这个训练没有要求夹杂动作、语言、神态等描写，只要着笔墨写出自己的心理活动即可，目的明确，指向专一，学生就能集中精力细细回想自己刚才是如何想、如何演算的，把这一个片段写真实，写具体，写透彻。如果学生的写作关注点多了，既要留意同学们思考的表情，又要留意同学们和老师的对话，反而会忽略自己内心的思考，本末倒置。

当然，我们还可以借用猜谜语、对对子等游戏，引导学生写出自己思考的过程，让学生体味内心世界的丰富多彩。

【学生习作片段】

一看到这四个数字，我的大脑就飞速运转起来。六加六加九再加十，结果等于三十一。不对，不对。想想也是，通加这个方法肯定行不通，老师怎么可能出这么简单的题呢，大家都能当冠军了？那我就得寻求与众不同的运算方法。有六，我就用其他三个数字凑个4吧，四六不是等于二十四吗？十减九等于一，六减一等于五，不行，比四还多一呢！九减去六等于三，十再减三，等于七，数字越来越大了，还是不行！到底怎样才能算出24呢？如果把一个6换成5，那就好办多了。看来金老师是故意在刁难我们了！真怀疑这四个数字是不是没法算成24的，我们不会又上当了吧！

二、“勾连”式的思考——“猜猜他是谁”

有一种学习方法叫“勾连”（也叫“勾联”），比如牵连课文中某个词语、某句话以便更好地理解这个词语的意思；牵连某个句式特点和这句话的句式表达做比较，以便更清楚明白这个句式特点；牵连以前学习这种文体的方法来学习这篇课文。如果引导学生把这种学习方法迁移到思考中，勾连式的前前后后详细考虑问题，想得多了，想得全了，那么学生的内心活动必定会更丰富。

游戏“猜猜他是谁”逐条出示一位学生的信息，每显示一个信息都要停留一段时间，留给学生思考的时间和空间，提示信息从外形描述到性格介绍，从显性特征到隐形特征，逐步增加难度。在信息设置时，我们也可以故意写一些模糊的、模棱两可或是迷惑学生的假信息，这样学生内心的答案更会在所确定的几个目标人选中摇摆不定。五六个提示信息结束后，出示A、B、C、D四个人名供学生选择，当然答案也在其中。学生在考虑这四个人选时，又必须重新勾连到上面几条提示信息，逐一对照，检查是否符合每一个信息的描述，最后整合所有信息，确定老师指的到底是哪位学生。整个思考过程环环相扣，上下串联，由单一的纵向思维到确定其中一个选项时重新回顾、勾连提示信息，整合所有信息内容，全盘考虑。学生在捉摸不定、反复推敲的思考方法中一次又一次多角度、全方位地思考，展现各自独特的思维、感受。有了这么复杂的心路历程，我们还害怕学生写作文时只是只言片语吗？

学生的答案正确与否并不重要，重要的是我们给学生创设了一个针对性的训练，酝酿了学生丰富的内心活动，让学生关注并记录下自己一路思考的足迹。

【学生习作片段】

开始了，金老师给我们的第一个提示是“他是一位比较乖巧的学生”。乖巧，是吴博凡吗？不可能，不可能，他以前可是有“四大金刚”称号的哟！杨帆和徐楷易倒很有可能。第二个提示是“他皮肤白皙”。皮肤白皙？我们班的男生，皮肤最黑的可以像非洲人一样，要皮肤白那只有金雨扬、吴博凡、徐楷易这三个人符合。第三个提示是“他不算魁梧”。魁梧，魁梧是什么意思？是高大吗？不算魁梧，那就是不高大啦，不高大的男生在我们班级里可多了。第四个提示是“他很守纪，不会在教室里大声喧哗”。如果是不喧哗的，那只有徐楷易了，他平时不爱说话。到现在只有徐楷易最符合以上要求，可是下一个提示：“眼睛虽小，却很有神。”徐楷易的眼睛大得很，不会是他，我们班眼睛最小的男生就数金雨扬了。第六个提示是“他戴了一副眼镜，很斯文”。什么吗？我们班也就只有这几个人戴眼镜：丁子策、吴博凡、吴宇骁、王远楠、郭之恒。最后一个提示是“他默默无闻地为班级同学服务”。我认为这一点只有吴博凡符合，因为他是班长嘛！

三、展现内心体验——击鼓传花

很多时候，人的内心会产生一种感觉：高兴、生气、悲伤、激动、愤怒、惊恐……写作文时，我们要有这个本事，把内心这些混为一团的感受——或高兴，或生气，或悲伤，或激动，或愤怒，或惊恐等用语言文字清晰而又详细地描写出来，而不是简单一句话——“我很开心”“我很生气”“我很伤心”就囊括了所有的内心体验与感受。我们只有静下心来，倾听内心真实的声音，感受心跳的感觉，回味当时内心每分每秒的体验、联想，才能把心理感受写具体。

课堂上，我们玩起击鼓传花的老节目，我负责击鼓，请学生用眼睛看，用耳朵听，不能出声，关注内心的感受与体验。鼓声越敲越响，节奏也越来越快，眼看花越传越近，学生们也越来越紧张，越来越慌张。我故意用眼神看着这位学生，示意在他这要停止鼓声。在那眼神碰撞的一刻，我又改主意了，目光转向另一位学生，暗示要停止鼓声，你准备好表演节目吧。转念，我的目光又从他身上移走，投向另一位学生……我这儿瞄一下，那儿看一眼，总在寻找下一个目标在哪里。鼓声也是此起彼伏，节奏时快时慢，在慢节奏中留给学生一个喘息的机会。最后在安静中，请学生回顾自己的内心，是紧张？是害怕？是期待？是喜悦？是刺激？写出自己当时一连串的内心体验。

试着把内心感受的一个词变成一段话，你的内心活动才会细腻而丰富！

四、摇摆不定——叙述内心纠结

我们每一个人都会经历纠结心理。比如逛街买衣服要选择是买这件还是那件，去超市买东西会选择是买这个牌子的还是那个牌子的，去饭店吃饭要选择点这个菜还是那个菜……学生也是如此，老师布置了写作话题是写这个素材还是选择那个素材，回家是先写语文作业还是数学作业。很多时候，我们都会面临要做出抉择的难题。也许就在一刹那间大脑里已经有了结果，但是又有多少人会去体察、关注在做出决定之前内心所经历的这个复杂的思考过程呢？做出一个决定，选出一个结果只需要几秒钟，可是要把思考的过程记录下来，却要写上百字了。就算我们成人也很少会去关注这个反复思考的过程，很少会去回味自己做出选择必然经历的纠结的体验过程，更何况我们的学生。

矛盾心理训练就是要唤醒学生关注内心，拾掇起被遗忘、被忽略的那一个做出选择的内心活动。我先出示设计好的两项作业，请学生从这两项作业中选择一项来完成。

A 项作业：第一，抄写第五单元词语两遍。第二，默写 14 课《高尔基和他的儿子》7、8、9 自然段。第三，默写有关高尔基的三句名言。

B 项作业：第一，默写第五单元词语并批改好，默写错的词语订正四遍。

错了10个词语以上需要订正错词，再重新默写一遍。第二，默写13课《在大海中永生》第3自然段。第三，模仿《在大海中永生》的“骨灰撒大海，鲜花送伟人”的句式，仿照再写两句话。

学生思考两分钟后交流自己所选的结果，并说说理由，为什么选A项作业或是B项作业。其实，这个作业只是摆的一个噱头，学生无论选择A项作业还是B项作业，都不需要完成，关键在于引导学生说清楚选择这一项作业的原因，这个原因就是自己内心思考、比较、纠结，做出选择的心理过程。

学会用两个“我”的想法表达心声，你的内心描写就更为独特了！

【学生习作片段】

一看A项作业要抄写一单元词语两遍，天哪！那我还是选择B项作业好了，默写词语只要一遍就可以了。但是默写词语还得自己对照书批改，得花时间，那也应该比抄写两遍词语快吧。再说对照书批改等于又复习了一遍词语，还是不算亏。什么？默写错的词语要订正四遍，错了10个词语以上还要重默，有没有搞错啊？本人可是与写字最不投缘的，默写订正是常事，作文中一大堆错别字也是不足为奇的，我可难保错词少于10个啊，毕竟那是要默写一单元词语啊。再看A项作业和B项作业第二个要求都是默写段落，明显13课段落默写字要少些。虽然14课默写的段落简单，都是排比句，但毕竟字数多，还是偷懒挑少的默吧。再看第三个要求，高尔基的名言。课堂上老师教给我们了，但是B项作业还要仿照写句子呢，那可是得动脑筋的。对于我这样的懒鬼来说，选A项作业最适合不过了。

五、学习“判案”——描写内心推理

侦探判案需要推理，写作中也要运用到推理。推理是由一个或几个已知的判断（前提），推导出一个未知的结论的思维过程。运用推理，也能培养学生的思考力。

不是只有侦探、警察才能推理，学生也可以推理。从身边发生的事情寻找蛛丝马迹，运用发散思维进行一步步推断，这个推断的过程就是学生思考的过程。让这一群富有童真的孩子当小侦探家，在他们饶有兴趣的探索中，可以欣赏到学生各自丰富的想象力、富有逻辑的推断力，发散式的思维力。就让学生这样异想天开地进行猜想，不要以成人的眼光判断可能与不可能，只要学生打开思考之门，找到内心活动的“广阔草地”，还有什么比这更重要的呢？生活中需要探案的事例很多：比如班上某个学生的铅笔、作业本不见了，可以引导学生推理，寻找线索，最后用文字记录下来；某个学生没有上学，可以引导学生推测其请假的原因，写出自己的推断；班上某位学生的校服不见了，两天后在门卫室找到了，可以引导学生推想，写出这个物归原主的辗转过程。推理的结果正确与否，无关紧要，重要的是推理的过程让学生做了思考力的训练，写成文字又是不错的素材。

以《伐木案》推理为例。

【教学片段】

(1)出示《找骆驼》片断。

从前有个商人走失了一只骆驼，他找了很多地方都没找到，心里很着急。这时候，他看见一位老人在前边走，就赶上去问：“老人家，您看见一只骆驼了吗？”

老人说：“你问的那只骆驼，是不是左脚有点跛？”

“是的。”

“是不是左边驮着蜜，右边驮着米？”

“不错。”

“是不是缺了一颗牙齿？”

“对极了！您看到它往哪儿去了？”

老人说：“那我可不知道。”

商人愤愤地说：“别哄我了，一定是你把我的骆驼藏起来了。要不，你怎么会知道得这样详细！”

(2)请学生猜猜老人会怎么说。

(3)出示老人说的话。

老人不紧不慢地说："干吗生气呢，听我说嘛。刚才我看见路上有骆驼的脚印，右边深，左边浅，就知道骆驼的左脚有点跛。我又看见路的左边有一些蜜，右边有一些米。我想骆驼驮的一定是这两样东西。我还看见骆驼啃过的树叶，上面留下了牙齿印，所以知道它缺了一颗牙齿。至于骆驼究竟往哪儿去了，应该顺着它的脚印去找。"

商人听了，照老人的指点一路找去，果然找到了走失的骆驼。

(4)小结：《找骆驼》中的老人没有看见商人的骆驼，但他有这方面的经验，这经验自然而然地帮他完成了推理。很多时候，我们的大脑经常会不由自主地从一个现象推想到下一个现象。例如，看到天上有乌云，立马加快步伐，那是我们有了"乌云黑，大雨来"的推想。太阳出来了，我们会把阳台上挂着的衣服拿到外面，那是因为"太阳下晒衣服，干得快又杀菌"。只要有一颗留意的心，我们就不会丢失习以为常而被忽略的内心推理。

(5)让学生回到自己的内心，开启心中的推想之门。借用学生发现学校花坛中有断落的枝条为案例，请学生说说自己去现场观察到的种种现象。

(6)组织学生交流：由看到的这些现象，推断是谁把枝条弄断的，讲清楚理由。

(7)学生写话：请以看到的现象、得到的线索作为依据，推想一下枝条断落的来龙去脉，理由要充分，说得让人信服才是小小侦探家。

(8)学生交流，评选出小小侦探家。

(9)推荐学生看《福尔摩斯探案集》，从而享受到观察后的思考和推断的乐趣，也希望同学们成为一个观察后能思考、会推断的人。

【学生习作片段】

我突然发现，花坛地上的那半根枝条和枫树上被砍的地方相互吻合！刚才有一群二年级的学生就在这儿玩，会不会是他们闯下的祸？可是地上除了我自己的脚印外，根本没有其他人的脚印，那应该可以证明不是那些二年级学生折下枝条的。我细细查看，又发现有根藤条也被砍过。于是，我又去找和这根断了的相吻合的藤条。找到后，我有个天大的发现：旁边有脚印！但这脚印比我的脚还大，是大人的。恍惚中，我眼睛一亮：这是校工老爷爷的脚印！因为他刚刚在修剪植物。再仔细一琢磨，二年级的同学也没有那么大力气可以折断这么粗的枝条。

【教学反思】

学生的推断可能并不如我们想象的那么完美，有的学生既不属于会观察也不属于会思考的，推理描写比较单一，由最直观的结果、表象直接得到推断，写出自己推测到的缘由，“一根肠子到底”式的描写，缺少发散式的思考。学生能力有别，我们的推理训练也不要求在不同起跑线的学生最终同时到达终点，发展成同一水平，都能像侦探一样有准确的推理。不管学生是感性的，还是理性的，也不管学生是内心敏感型的，还是木讷、钝感型的，只要他掌握方法，有推理的意识，培养自己从观察中学会思考、判断、推断，这个思考力、推断力不断提升的过程就是学生最大的收获。

布鲁诺说：“聪明睿智的特点就在于，只需要看到和听到一点，就能长久地考虑和更多地理解。”对于写作来说，观察是基础，只有运用你的思考、推断，你的笔下才会有无穷无尽的文字。

六、表达内心的深度——写出思辨

思辨就是思考辨析。所谓思考，指的是分析、推理、判断等思维活动；而辨析指的是对事物的情况、类别、事理等的辨别分析。一般而言，思辨就是全面地、辩证地认识事物，进而发现事物的本质。

思辨能力是一种抽象思维能力。小学生分析事物、辩解反思的能力较弱，主要表现在他们在写作中善于描写和叙事，不善于说理和议论。对于看到的现象或亲身经历的事情不会有所解释，不会发表观点，不会写出反思、总结经验教训等。

思辨能力是在良性的沟通与对话中培养出来的。只有在积极的沟通与对话中才能碰撞出智慧的火花，才能激荡生发出包括辨别力、判断力和洞察力的思辨能力。我经常会设置两难话题，引导学生进行辩论。学生争辩前必定需要发散思维，从各个角度、多个层次思考，从横向、纵向探索，缜密组织语言。理由讲述得越充分，代表思考得越周详。学生在你一言，我一语，争论不休中训练了思维，提升了思考的深度、广度与速度。设置的两难话题可以是：双休日要不要补课？学生能不能用《课课通》？学生能不能唱流行歌曲？做班干部好不好？……辩论赛结束，让学生写下辩论记录。

学会质疑也是培养思辨能力的有效途径。引导学生敢于思考、思辨，勇于提出自己的观点，并给自己的观点找到合适的理论依据，这个有想法并为想法寻找理由的过程就是思辨的过程。例如，在课堂上，我积极鼓励学生质疑。学生会对课文中用得不恰当的一个词语发表自己的看法，评述自己的见解。正是因为学生有了质疑的精神，才会在探索中拨开浮云，有不一般的发现。

在批判、反思中训练思辨能力。做成一件事情要总结经验，没有成功要总结教训；犯了错误要反思自己的举止行为。《论语》中有言“吾日三省吾身”，提醒着我们要不断反思，才会有所进步。每天放学前，我会引导学生暮省，一开始是由我提出三个问题，例如，今天课堂上“我”有没有认真听讲、积极发言？今天午自习“我”有没有遵守纪律？今天我学到了哪些知识？学生反省后记录下只言片语。渐渐地，放手让学生自己设立主题展开反省。时间久了，学生就有了反省的习惯，而且反省的主题越来越广，内容越来越具体，思辨能力在潜移默化中不断提升。

有人说：“敏感的人，能写出内心的温度；思辨的人，能写出内心的深度。”一个习惯思辨的人，才会不断深入事物内部，从琐碎小事中发掘出别人看不到的新鲜意味。

教学生写作，不光要让学生睁大眼睛，看外面的世界，听人的对话，看人的动作、表情、外貌，还要让学生学会关注内在的世界。通过训练，引导学生学会体察内心，在潜移默化中培养学生捕捉内心活动的敏锐感，如此学生才能重视这个常被忽略的无声世界，才能用语言文字把内心展露得淋漓尽致，精彩纷呈。

第三节 梯度进阶：破解言语的秘密

学生的作文，凡写人的，那么必定通过写事表现人物的特点；凡写发生在自己身边的事的，其实就是讲述一个真实的故事。瞧，学生的作文总离不开写故事，既然是故事，一定会出现故事中的有关人物，既然有人物，那么人物就一定会开口说话。因为在现实生活中，人是一定会开口表达、与人交流的，所以我们写入文中的人物也必定会描写他的语言，即人物说了什么。没有人物的语言，那么故事中的人物就成了哑巴，他只有表情，只有动作，而不会说话，写入文中的还是一个健全的人吗？没有人物的语言，故事描述的就是一个"无声"的世界，听不到声音，那写出来的文章一定是无趣的，就像干巴巴的面团，读了也是没滋没味的。"言为心声"，没有人物的语言，就没法借助语言展露人物丰富的内心世界，塑造人物鲜明、全面的个性及品质。可见，在作文中写入人物的语言是何等重要！

把人物说的话用文字描写下来，简单吗？看似简单，其实有很大的学问。来看看四年级学生作文中出现的语言描写问题吧。

第一，说话内容省略。

病例：

晚饭时，妈妈发现没有盐了，叫我去买。我在看电视，不肯去。后来妈妈说了一句话，我只好去。

分析：妈妈叫"我"去买盐，会怎么说呢？句子中只写了妈妈说了一句话，而没有写出妈妈说了什么。学生写作中习惯用叙述的方式，从第三者的角度转述人物语言，而不擅长用直接引用的方式写出人物说的话。那是因为在现实中，学生通过耳朵接收到了人物说的话，在大脑的帮助下理解了说话者的意思，写作时就直接把自己理解的意思表达下来，这就成了转述的语言。而要把大脑提取的意思再转变成人物刚才是怎么说的，又需要反向还原，才能写成直接引用的形式。学生没有这个再还原语言的意识或缺少回忆的过程，所以到第一步大脑提取了信息后便直接以第三人称的形式转述下来，没有直接引用人物说的话。

第二，说的话有歧义。

病例：

我把书包翻了个底朝天，可还是连铅笔盒的影子都没有看到。我只好问周边的同学，他们都不借给我笔，我只好垂头丧气地回到自己的座位。

分析：一读这句话，我们就会问"我"到底问了周边同学什么呢。是问同学有没有看到铅笔盒还是向同学们借铅笔呢？人物说的话不写出来，就会有歧义，让读者产生疑问。不让人物开口说话，不把人物说了什么描写下来，只能凭读者自己想象、理解，所以可能与作者想要表达的意思产生偏差。当我们用简易化的语言无法表达清楚内心想要说什么时，就不能用经济原则来对待写作。

第三，说的话不抓重点。

病例：

"是不是你们两个搞的鬼？"听到奶奶的埋怨，我们两个在后面偷偷地笑呢！

分析：粗略一读，觉得这句话很通顺，没有什么问题，但细细一琢磨就会发现问题了：奶奶说的话是在问，还是埋怨？奶奶是怎样埋怨的？奶奶说了什么，"我们"才会偷偷地笑？奶奶埋怨的话至关重要，可是却没有描写。学生没有准确判别出哪句话更重要，哪句话与前后情节相关联，哪句话更能表现出人物的性格、特点等，所以虽然让文中的人物开口说话了，可说的却不是应该说的更为重要的话。语言描写没有“瞻前顾后”,没有紧扣人物形象,所以抓不住重点。

第四,说的话毫无价值。

病例:

妈妈看了看外面的天气,说:“我们去公园吧?”

我说:“好的。”

分析:“我”说的话就两个字,其实就是为了说明“我”赞成妈妈的提议。文中应该突显的是妈妈的提议,而不是我的回答,我的回答可以不用双引号来写。其实,学生的作文中经常会出现“好的”这样两个字的说话句式,那是因为学生在写作中难以区分生活中的人物交流和写作中的人物对话之间的界限,不知道有限的作品中的人物语言需要选择,不是照录生活语言,不是将口语转换成书面语这么简单,其中的奥秘如果没有专业的教学指导,可能会被忽略。

仔细阅读学生作文,不难发现总是存在这样或那样的问题。而我们在批阅学生的习作时,很多教师都会把眼光集中于全篇,看文章有没有离题,是不是紧紧围绕中心主题展开描写,从大局“篇”来评定文章的好坏,很少把目光聚焦于句子,看句子的表达是否恰当;也有很多教师更注重叙述方法的指导,而对描写,尤其是人物语言的描写则明显关注较少,也许在平时的指导中也是轻描淡写,所以导致学生写的人物语言看起来语句很流畅,条理很清晰,可总是给人一种干巴、乏味的感觉或是存有很多疏漏。那么,怎样描写好人物语言,让作者笔下的人物活起来呢?

针对四年级学生的年龄特征及写作需要,我整理了学生习作中出现的人物语言描写并结合教材中的课文,读写结合,逐步引导学生发现写好人物语言的奥秘。在作文周报讲评课上,通过阶梯式的专项训练,引导学生循序渐进地掌握把人物语言写精彩的方法与技巧,以便学生灵活运用于写作中。

一、生活还原，实录“言说”

【训练意图】

学生在写作中经常会有涉及人物的对话描写，可是很多学生却在文章中剥夺了人物说话的权利，在文章关键处没有让人物开口说话。这次的训练就是着眼于让学生有写“话”的意识，引导学生把耳朵听到的人物说话的内容真实地描述下来，旨在让学生知道写人物语言就是记录人物所说的话，从简单的入手，从生活场景切入，还原当时的一幕，像实况展播一样，听到人物说了什么，就记录下人物说话的内容，培养学生写作中的写话意识。

【教学设计】

1. 诊断治病。

出示：

每天晚上，我在房间写作业，爸爸就会陪在我身边，手里拿着小刀认真地帮我削铅笔。我不是有自动笔吗？为什么爸爸非要我用铅笔呢？后来我问了爸爸，爸爸告诉我自动笔杆不标准，笔芯过细，会影响小学生的视力。

师：请同学们读读这句话，找找看有什么病。

（学生没有发现，点击“问”“告诉”呈红色字体）

生1：“我”是怎么问的，没有写。

生2：爸爸是怎么说的，也没有写。

师：对啊，文中的人物没有开口说话。我们写人、写事，都要把人物说的话写到文中，这样文章才能更真实地再现当时的场景，把人物写活。不让文中的人物开口说话，得的是什么病呢？给它取个名字。

生：哑巴病。

（板书：哑巴病）

师：确诊了病，现在我们就来给这段话治治病。

生：每天晚上，我在房间写作业，爸爸就会陪在我身边，手里拿着小刀认真地帮我削铅笔。一次，我好奇地问爸爸：“我不是有自动笔吗？为什么你非要让我用铅笔呢?”爸爸笑了:“自动笔杆不标准,笔芯过细,会影响小学生的视力。”

师:句子简洁,能用“爸爸笑了”作为提示语。这样一改,就把哑巴病给治好了,简单吧?

2.延伸训练。

生活中,一家人围坐在一起吃饭时不免会聊上几句,在讨论去哪里旅游时,家庭成员也免不了各自发表自己的建议;在学校里,为一点小事忍不住与同伴争吵也是常有之事。请你回想一个场景,把当时人物的表现、语言真实地描述下来。(学生自由选择话题写对话)

【设计说明】

训练环节首先从学生的习作中挑选出典型的病例,引导学生发现病症,并给它取个名称加深印象。找出病因还要学会对症下药,给这段话治病,练习修改。本次训练是选取真实生活中的一幕当场写好一段对话,选择学生经历过的场景,通过回忆、搜索、提取、整合、重组等手段,还原生活场景,再现画面,学生就能想到谁说了什么。有了现实生活作为依托,学生描写人物的语言就会更真实,更具体。通过本次训练,让学生明白有的时候文中的人物不能做哑巴,要让他们活起来。人物开口说的话更突显出人物的个性、思想、感情、性格等,使得人物的形象更为鲜明。

二、文本阅读,归类“说法”

【训练意图】

学生在写作中经常会遇到人物的对话描写,把人物说的话直接描述下来或是引用到文中,这虽然简单却有一定的技巧。对于四年级的学生来说,他们写着写着也会自然而然地将提示语放在最前面这个最基本的形式来写对话,用一成不变的模式贯穿于全文就显得死板,而且对话基本上都是“拧成一团”,不会合理分段。根据这一习作现象,引导学生学习变化提示语的不同位置写话是对话训练的第二步。

教材中很多课文对于人物语言的描写都可以堪称是一个好的范例，引导学生关注文本，从文本写人物说话的各种形式中发现并归纳出一般的方法，真正实现读写结合并把读学写作为指导写作的一条基本路径。

【教学设计】

1. 欣赏佳句，学习句式。

出示：

我一看，便对奶奶说："奶奶，今天中午您就用这个蛋做蛋炒饭给我吃，好吗？"

"不行，不行，这蛋不是一个普普通通的蛋，这是一个'笨蛋'！"

"难道'笨蛋'就不能吃吗？"我一脸的问号。

"当然不能吃'笨蛋'咯。"奶奶神色严肃地说，"人吃了会变笨的！"

师：老师很欣赏丁驰恒同学写的这组对话，大家读一读，看看有什么特别？

生：一句话语为一段。

师：分段描写对话，条理更清晰。

生："谁说的"写法不一样。

师：谁说的，怎么样说，这叫提示语。看看这四句话提示语有什么不同？

生：第一句话是将提示语放在话语的前面，第二句话没有提示语，第三句话是将提示语放在话语的最后，第四句话是将提示语放在话语的中间。

师：变化提示语的位置，形式就多变了。第二句话是谁说的？

生：奶奶说的。

师：你怎么知道？

生：上面那句话是"我"对奶奶说。

师：对话紧凑，联系上下句能够让读者明确这句话是谁说的，或是为了表达紧迫、危急、着急等情景，提示语可以省去不写。提示语在话语中间的写法，标点符号有什么不同？

生:提示语后面用了逗号。

2. 联系课文,找句归类。

师:请同学们到课文中去找找这四种类型的语句,看看你找到了哪种类型的句子。

生1:我从《石头书》中找到了这样几句话。

川川好奇地问:"叔叔,您在看什么呀?"

"我在看书呢。"叔叔笑着说。

……

川川不禁笑了起来,说:"这书上有字吗?"

"有哇,你们来看:这是雨点留下的脚印,叫雨痕;这是波浪留下的足迹,叫波痕;还有那些小不点儿,黄的,黑的,红的,闪光的,透明的……叫矿物。这些都是石头书上的字。"

提示语在前,提示语在后,省略提示语这三种形式都有了。

生2:我在《小稻秧脱险记》中找到了。

杂草问:"你是谁?""我是喷雾器大夫。"喷雾器一边喷洒着除草剂,一边大声地说,"平时你们欺负小稻秧,现在轮到你们倒霉了。"

这一组对话中用到了提示语在前、提示语在中间的两种形式。

生3:我在《孙中山破陋习》中也找到了提示语在前和省略提示语的句子。

孙中山又是生气又是心疼,便对妈妈说:"你为啥要姐姐受这份罪呢?姐姐缠了脚,还能下田干活吗?"

妈妈叹了口气说:"孩子,我也知道缠小脚不好,可这是祖宗传下来的呀!女孩子不缠小脚会被人家笑话的。"

"既然知道缠小脚不好,就不该去做。别人笑话怕什么!"

3. 创设情境,变形练习。

师:"何以,你的书找到了吗?"

师:请大家根据老师刚才说的,用提示语在前的方式写一句话。

(学生写)

生:老师问:"何以,你的书找到了吗?"

师:请同学们给这句话变个形,转换成提示语在最后、在中间的形式。注意标点符号的准确运用。

(学生写)

生1:"何以,你的书找到了吗?"金老师问。

生2:"何以,"金老师问,"你的书找到了吗?"

师:生活中,我们时时都要开口说话,请你选择一个场景,用不同形式的句子写一组对话。(学生自由写话)

【教学说明】

从学生习作中挑选出一组对话,在佳句欣赏中引导学生自主发现这一组对话的写法,关注到分段描写,把目光聚焦到提示语的位置变化上,学习改变提示语的不同位置来写对话并学会准确运用标点符号。从学生的写作实际出发,从学生的最近发展区域出发,学习伙伴的例句,让学生有了一定的心理认同感,加上学生用自己的眼睛发现了写作的奥秘,这远比教师填鸭式的灌输,记忆更深刻。

常说要读写结合,阅读课中要渗透写作,写作课中要融合阅读,学生了解了一定的写作技法后,引导学生到课本中找出同类句子,在归类中加深印象。在学生眼里,课本就是权威,让权威来说话,那就更有说服力。

光说不练假把式,最后让学生进行当场训练,根据情境由易到难,用三种形式写句子。很多时候,我们在写作课上罗列一大堆问题或是讲述一连串写作技巧,讲完就算教给学生了,以为学生都懂了,都会了。其实并不然。课上没有一个"练"的环节,没有当场运用与反馈,就很难评定这堂课的有效度。

如果我们不去关注提示语的位置,单纯用一种方法来写,那么读上去就会觉得太单调。假如桌子上只有一盘小葱拌豆腐,我们肯定会越吃越没味的。如果有红烧豆腐、麻婆豆腐、肉末豆腐、咸蛋黄拌豆腐,虽然还是用豆腐做主要材料,但是做法不同,吃上去的滋味也就不一样了。所以要想写好对话,还需要学习变化提示语的位置,用多种形式呈现,读者读上去才不会没滋没味。这一阶段的训练就是按照“学—找—写”这三个步骤,环环相扣,逐层递进,将讲评“评”在重要处,将训练落到最实处。

三、仿拟场景,实战写话

【训练意图】

学生习作中对于人物语言的描述经常会用到“说”字,甚至是重复出现“说”。这主要是学生平时积累的词语不够丰富,大脑储存库中没有那么多表示“说”这个意思的词可以替换使用,所以导致学生不会根据具体的语境精准地选择不同的“说”。这次训练是在第二阶段训练基础上引导学生改掉作文中犯“你说”“我说”“他说”“又说”这一类“说”病。引导学生交流不同的表示“说”这个意思的词语,分类识记,有了足够多的词汇,学生才能在写作时有所选择,挑选出最恰当的“说”。有了这个铺垫,学生才能从修改带“说”字的句子到修改带“说”字的语段。所有的方法都要在实战中磨炼,通过病例修改实现学生转知成智。

【教学设计】

1. 诊断治病。

出示:

晚饭后,爸爸悠闲地点了一根烟。

妈妈说:“喂! 怎么又抽上啦?”

爸爸说:“就一根,就一根!”

妈妈说:“在家里一根都不行!”一把夺过烟头,扔在垃圾桶里。

爸爸说:“你想干吗? 想干吗?”

我说:“爸,你想让我和妈吸二手烟吗?”

爸爸说:“好好好,我出去抽!”

妈妈说:“抽抽抽,抽死你!”

学生交流:你感觉有什么不妥,或者感觉有什么地方别扭?(体会提示语反复用一个字——“说”,太单调了)

2.赏析佳句

(出示学生习作中的一组对话,和刚才的对话描写相比,有什么不同)

“你作业有没有做完呀?写得认不认真啊?”一下班,妈妈就开始唠叨了。

“做完了,写得很认真。”我不耐烦地回答。

弟弟涨红了脸嚷道:“坏姐姐,是坏姐姐把我的那块蛋糕吃了。”

看见妈妈板着脸,我连忙辩解:“是他自己说不吃,我才吃了的。”

(引导学生感悟不同的语境,选用其他与“说”一个意思的词来做提示语,使表达更为精准)

3.积累词汇。

(1)出示表示“说”的一字词,学生齐读。

喊　叫　呼　吼　吟　读　问　答　骂……

(2)出示表示“说”的二字词,学生齐读。

恳求　责备　质问　提议　劝告　训斥　抗议　抱怨　祝福　吹牛　唠叨　商量　狡辩　嘲笑　讽刺　怒吼……

(3)出示表示“说”的多字词,学生齐读。

打圆场　耍贫嘴　窃窃私语　胡言乱语　议论纷纷……

(4)学生自己背,积累词语。

4.当堂训练。

(1)创设情境。

师:(笑着夸奖)苏慧哲,你的字真是越写越漂亮了。(竖起大拇指)

请同学们把刚才看到的、听到的,写成一句话。

(2)模拟表演,修改“治病”。

请三位学生分别扮演爸爸、妈妈和“我”,表演“诊断治病”中的一组对话。

根据刚才看到的表演,选择一个恰当的词语替换掉“说”字,把提示语写得更生动。

学生改写对话后,指名交流。

(3)学生写话展示。

晚饭后,爸爸悠闲地点了一根烟。

“喂! 怎么又抽上啦?”妈妈见了立即唠叨起来。

爸爸恳求:“就一根,就一根!”

妈妈板着脸教训道:“在家里一根都不行!”一把夺过烟头,扔在垃圾桶里。

爸爸生气了,大吼:“你想干吗? 想干吗?”

我连忙劝说:“爸,你想让我和妈吸二手烟吗?”

“好好好,我出去抽!”爸爸无奈地说。

“抽抽抽,抽死你!”妈妈又是一声训斥。

【设计说明】

从问题句子入手,引导学生在读中“找茬”,在读中感受并发现重复用“说”带来的形式单一、句子单调的表达效果。通过佳句欣赏,借用学生习作中的对话作为示范,学生就有据可依,找到解决这一问题的方法与策略。整个过程放手让学生自主学习,真正体现学生在课堂上的主体地位,教师作为引导者,引导学生有所发现、有所感悟、有所习得。

积累表示“说”的不同词,这个训练旨在变换提示语“说”,启发学生用另一个字置换,用两个字、多个字来表示,目的都是避免重复,使书面的提示语更能体现言者说话时的神态、语气及话语的含义。这样的训练既帮助了学生积累词语,又提高了学生遣词的能力,一举两得。

什么时候训练最合适？以往，我们通常把这种训练放在“作前指导”里，课上让学生“现学现用”。殊不知，作文技巧不像工匠活的技巧，能马上使用，它需要“不期然的相遇”，需要某种情境下的“活化”使用。为了让这样的“相遇”来得更早些，课堂上就要创设相应的情境，引导学生运用所教的文字技巧加以巩固，并在运用中有所创新。从“看动作、听声音”训练说一句简单的话，真正体现“学生在场”，到“情境表演，角色体验”改写一段对话，在游戏中激发学生写的兴趣，增加写的动力。前后两步紧紧围绕教学目标，以二次练笔作为生长点进行了扎实而有效的拓展训练，学生的进步真实可见。

第三阶段的训练循循善诱，设计了“例话”“说话”和“写话”这样三个台阶，步步为营，层层深入，引导学生经历一个由感悟到实践、由说到写的学习过程。

四、改动提示，变换“话语”

【训练意图】

写人物的语言，肯定要写到提示语。提示语不仅仅是告诉读者这句话是谁说的，还有美化语言的作用。抓住人物的动作、神态等描写作为提示语，从不同角度来丰富提示语，那么表达就更精彩了！旨在传授说话的形式，使语句更富变化，更有美感。

【教学设计】

1. 赏析佳句。

(1)出示学生习作中的佳句。

“咔嚓”一刀，爷爷剖开老母鸡的肚子，“咦？有个蛋！”

张老师怒气冲冲地走了过来：“那好！你说哪些题目是你抄同桌的？哪些题目是你自己做的？”

“对不起，对不起，你哪里摔疼了？”姐姐轻声细语地问道。

“你的铅笔盒，又不是我拿的！”同桌撒起谎来一点都不脸红。

“喂，是不是你去向老师告密的？快从实招来！”同桌一副要吃了我的表情。

“小朋友，你想买什么？”阿姨的嗓音甜甜的，“看中哪个告诉我。”

(2)请学生说说每句话中的提示语分别写了什么。

(3)对比读句子，把句子中的提示语全部变成“某某说”。读一读，看看有什么不同效果。

师：(小结)写提示语并非一定要出现“说”字，还可以抓住人物的动作、神态、语气等作为提示语，这样对话更精彩。读了之后好像人物出现在读者的眼前，这就叫具体，这就叫生动。如果总是出现“你说”“我说”“他说”这类字眼，就缺少让人眼前一亮的感觉。今天给你吃红烧肉，明天给你吃红烧肉，天天给你吃红烧肉，你肯定会吃腻。菜要换着花样吃，写作也一样，要换着花样来表达。

2. 片段训练。

(1)老师与学生情境表演。

师：林若薇，告诉你一个好消息！

生：什么好消息？

师：你的作文《我读懂了母爱》发表了！

生：真的吗？

师：对，发表在《小学生学习报》上，你看。

生：哇，这是我的第一篇发表作品。

师：继续努力，老师相信你还会有第二篇、第三篇……作品发表的。

生：谢谢老师鼓励。

(2)学生根据老师和学生的动作、表情、语言写一段对话。

【设计说明】

呈现两组句子，一组是小作者的原句，用人物的动作、神态、表情等作为提示语，一组是老师修改的句子，把小作者原句中的提示语全部改为“说”，运用对比朗读让学生抓住人物的动作、表情、神态、语气等特点来写提示语，能真实地展现对话情景中说话人当时的心情、态度以及说话时的各个细节，也使文字有血有肉，生动可感。紧接着创设情境，把老师和学生之间的对话写下来，把看到的动作和听到的话语全部还原成文字，在指名交流时比一比谁写的提示语和说话内容真实又生动地再现了当时的场景，又把文字还原成了画面。学生在写的过程中思量怎样用准确的动作、表情、神态作为对话的提示语，琢磨选择哪个表示“说”的词才能更适合这个语境，考虑提示语的位置要如何变化才能不单一，这些又恰到好处地回顾运用了前面两个训练的内容。

五、表达意图，选择“说话”

【训练意图】

很多时候，我们在说话时或是听别人说话时，由于是口语表达，往往不像书面表达那么严谨，所以可能会存在语言啰唆，语句重复的问题。而我们把人物说的话写入文中变成书面表达时，就要避免重复、啰唆、语句不通顺、语言不规范等问题，不能把听到的话或是自己说的话不管三七二十一统统写进文中。很多时候看场合的需要，我们必须要对说话内容做减法，对说的内容做出正确的选择，留下重要的、关键的内容写入文中，这样写出来的说话语句才更简洁，内容更一目了然，把想要说的话都说清楚了，看的人也全看明白了。

学生要根据人物的表现意图，选择人物语言，以便于表现人物性格等。可以借鉴话剧中的台词，或者电影中的台词，因为有的人物在一部话剧或电影中只有几句话，但是却塑造了一个鲜明的人物形象。

【教学设计】

1. 诊断治病。

(1)出示语段。

同桌对我抱怨道：“今天我好倒霉啊！平常我每天都会定闹钟，闹钟响，我就起床、洗脸、刷牙，吃完早饭坐公交车到学校。昨天，我忘记定闹钟了。

今天起来晚了，我早饭也来不及吃了，跑得气喘吁吁总算赶上了公交车。走进校门，发现红领巾没有戴，书包里翻来找去，还是没找到，估计是忘记在家里了。现在肚子还饿得咕咕叫。”

（2）请学生自由读读。人物开口说话了，你觉得有没有什么问题？

（3）小结：说的内容太啰唆，没有抓住重点内容来讲，无关紧要的内容说了一大堆，干扰了重要信息，反倒让人糊里糊涂。也许，说话的人口头说了很多，但是我们写入文中，不能一股脑地全部写进去，要学会选择。那么，我们应该怎样写好说话句呢？抓住关键的词语或是选择重要的信息，把应该讲的、重点的内容讲清楚，说明白。

（板书：有选择，抓重点）

（4）谁来说说这个语段要表达的重要信息是什么？

（5）抓住说话内容的重要信息尝试修改同桌说的这段话。

2. 对话改写。

妈妈一回到家，看到她心爱的香水打碎了就大发雷霆，责怪我。我告诉妈妈不是我闯的祸。妈妈不相信，还批评我越大越不诚实。我跟妈妈解释了整件事情，一大早起来，我和弟弟吃完早饭，弟弟非要缠着我陪他玩。我没有办法，只能陪他玩起了拼图。玩着玩着，我想起作业还没完成。后来，我就进房间写作业。写着，写着，听到妈妈房间有动静，走进去一看，弟弟手里拿着玩具飞机，地上是打碎的香水瓶。弟弟见我进来了，就开始哇哇大哭。我告诉弟弟，他闯祸了，就等着挨骂吧！妈妈知道事情的真相后，向我道歉，说不该错怪我。

请学生根据这个场景准确选择人物对话中要表达的关键意思，重新以对话形式让文中的妈妈和“我”开口说话，看看谁写的对话既简洁，意思表达又准确、明了，注意对话语句之间的衔接。

（学生改写后交流）

【设计说明】

从口头修改到动笔修改人物对话，学生尝试着围绕中心意思对人物语言进行选择、提炼、压缩、裁剪，把人物口语化的内容更精准地表达到文中。在循序渐进的阶梯式语言表达训练中，这一阶段更像综合能力训练，除了运用之前学到的“言说”表达方法外，还提高了要求，引导学生关注写好一组对话还要注意句与句之间的衔接，如此在潜移默化中引导学生灵活运用说话的表达技巧，提升对人物语言的描写能力。

当然，对话训练还可以继续延伸，比如针对学生描写人物语言不符合人物身份、特点、性格的，可以做一个专题训练；针对对话中提示语不符合人物身份、特点的，也可以做一个专题训练……只要你有一双慧眼，以欣赏的眼光去看待学生的作品，以“放大”的方法聚焦学生作品中的优点；只要你多一个心眼，以认真、细致的态度去发现学生习作中的“病例”对症下药，就能从学生的习作中不断生成有效的训练，真正体现“先写后教”“以写定教”，为更好地提升学生的语言表达能力、写作能力创造最佳的路径。

当然，要通过语言描写让人物形象鲜活起来是藏有一定的写作秘密的。有这样一个故事：一个下雪天，庙里来了四个人，分别是县官、秀才、财主、流浪汉。望着纷纷扬扬的大雪，秀才诗兴大发，随口吟道：“大雪纷纷落地。”县官乘兴说了一句：“正是皇家瑞气。”财主接了第三句：“再下三年何妨？”正在这时，同在庙里避风雪的流浪汉听了火冒三丈，大声骂道：“放你娘的狗屁。”

这个故事虽然简短，但是却刻画了四个不同人物的语言。短短几个字，就向我们展露了说话人的不同身份与当时的心情。秀才是读书人，说话斯文，讲文采；县官不忘为皇帝歌功颂德；财主不愁吃穿，把下雪看成是乐事；唯独流浪汉，饥寒交迫，当然是要埋怨骂人了。

这个故事告诉我们人物说的话不是随便写的，只有读懂人物才能写活人物。

(1)语言要富有个性。什么样的人说什么样的话，人物的语言必定要符合他的身份、年龄、性格特征等，通过个性化的语言才能塑造人物的鲜明形象。例如，会发嗲的女孩为了让妈妈给她漂亮衣服，她会撒娇："妈妈，好妈妈，世界上最好的妈妈，你就给我买吧，我保证以后听话，乖乖的。好妈妈你就答应了吧！"但是这话绝不会发生在性格刚毅的小伙子身上。这就是性别、身份、性格的不同造成的差别。记得鲁迅先生曾经说过："人物语言的描写，能使读者由说话看出人来。"所以，要想写好人物的语言，我们就必须多听、多琢磨，把握人物的性格、品质和说话的语言风格，从而塑造鲜明的人物形象，使读者闻其声就如见其人。

(2)语言要符合语境。人物的语言要符合具体的语境，所谓"言为心声"，语言表达要与人物当时的内心活动相吻合。当你告诉父母考试得第一的大好消息时，你就会用激动、高兴的口吻；当你与别人吵架时，你就会用生气、愤怒的口吻；当你被冤枉正要辩解时，你就会用委屈、恼怒的口吻……对于喜事，要用欢乐的口吻；对于可悲的事，要用哀伤的口吻。这说的其实就是要根据场合、对象、目的等差异，得体地说话。其实，除了内容外，我们还要注意运用恰当的表达形式。比如苏教版六年级上册《船长》一课中，用短句独立成段写人物的语言及不加提示语的表达形式，体现船长说话内容的重要及对话的紧凑，突显当时的紧迫，情况的危急，让内容与形式达到了完美的统一。

(3)提示语要有立体感。小学生的作文大都写故事，即使写人的作文，也离不开写故事，要想使故事有声有色，你要让故事里的人开口说话；要想使说话句精彩，你要思考，能不能不用"说"字，用别的表示"说"这个意思的词，能不能用人的动作、表情、神态来代替"说"字。如果你写的提示语中有人物的眼神、动作、表情、神态，那么读者看到了文字，就能在脑海中浮现出一幅幅灵动的画面，看到一个个活生生的人物。通过多角度的观察与描述，把人物的语言描写与他的动作、神态、表情等联系起来，提示语就更有立体感了，文字就更有画面感了，人物形象也更丰满了。

原来，看似简单的人物语言描写其实并不简单，我们只有通过一系列的训练，逐步引导学生掌握“言说”的奥秘，笔下的人物才会活起来。

第四节　微格讲评：用文字修饰心灵

特教教师管建刚将由来已久的以“作前指导”为核心的作文教学称为“前作文教学”时代，而将刚刚起步的以“作后讲评”为核心的作文教学称为“后作文教学”时代。“后作文教学”就是“先写后教”“以写定教”，根据学生的习作发现闪光的个性亮点，找出共性的问题，从而确定作后讲评的内容，确定写作方法的指导和写作技能的训练。

的确，作后讲评，有着它独特的意义和无法取代的价值。它变“细指导，粗修改”为“粗写作，细修改”。对学生的写作指导宜粗不宜细，而对学生作后的讲评宜细不宜粗。原因就在于写作时指导过细，会让学生感觉束缚过多，左右为难，下笔必然迟滞，心中所感所思不能尽情挥洒，就难以淋漓尽致地表情达意；而作后评讲过粗，甚至草草带过，则对所写的文章缺少必要的字词推敲和谋篇布局的精致设计，表达效果必然打了折扣。而写作的功夫，正体现在修改上。

可以说，作后讲评，它就似一座桥梁，带领学生从这一次习作通向下一次习作，把问题留在这一次，把能力带往下一次。有了一次次的讲评，学生的习作能力才能像春笋剥壳似的，褪去一层层稚嫩和粗糙，显出一丝丝成熟和精致。可见，每一次习作讲评的点点滴滴都是在为后续作文搭石铺路。

虽然语文教师都认识到作后讲评课的重要性，但其备课、上课在语文学科中，相对于识字教学、阅读教学、习作指导，却是处于绝对的弱势地位。

首先，作后讲评没有真实的备课。作后讲评，顾名思义就是在学生完成习作，教师批阅完学生的习作后，针对本次习作情况开展的讲与评的教学活动，可以是分享习作中的优点，可以是解决典型的问题，可以是巩固一种方法的掌握，也可以是一种写作技巧的延伸训练。由此可见，作后讲评备课一定是要在习作批改之后，讲评课之前完成的，这就决定了作后讲评的备课没法像作前指导一样提前备课，因为学生习作的具体情况是无法预设的。可是在检查教师的备课时，不难发现，不少作后讲评课备课已经提前完成，学生还没有写作，又何来作后讲评呢？讲评课备课虚假，成为应付检查的“作秀”。

其次，作后讲评无法及时反馈。习作批改对教师的要求比较高，除了要纠正学生习作中的错别字，修改表达不当的语句之外，还要关注是否围绕中心取材、表述等等，花费的时间自然要比一般的作业多得多。很多教师总是拖到学生要写下一次习作时才匆匆批改完上一次习作。任何一门学科的作业讲评都要遵循“及时反馈”的原则，习作讲评更是如此。拖得时间久了，学生对教师讲评的期待感减弱了，对习作的印象也不深刻了，这大大影响了讲评的效果，也削减了学生每一次的习作热情。更有甚者认为，作文讲评课还得全面、科学地分析学生的习作，根据学生习作的具体情况确定讲评内容、重点及方法，太过复杂与烦琐。反正作文讲评讲不讲、评不评都无所谓，不上也罢。只要作前指导有了，教给学生写作的模式和框架就行了。殊不知，每一次习作中存在的问题得不到解决，好的写作方法得不到肯定与巩固，学生的一次次写作不就成了徒劳吗？讲评课不受重视，也就成了教师眼里的浮云。

最后，目前有关作文讲评的论文、教学展示、教研活动、备课参考等资料极少，所以有很多教师虽重视作后讲评，可是没有摸到门道，不知道作后讲评到底应该如何实践操作。他们单纯地以为作文讲评课只是读读学生的优秀习作片段，评一评好在哪里，随后学生自己修改习作，这就是一节讲评课的流程。读，讲，单一的教学形式，一成不变的教学环节，像走过场一样每次重复老套的内容，缺少注入新鲜的血液，怎么能吸引学生们的眼球？怎么能抓牢学生们的心呢？讲评课，教师只关注授之以鱼，却没能授之以渔。课上完，也许这次会修改了，但为什么这么修改，还是一知半解；也许这次的习作会写了，下一次作文又不知道该如何落笔了。或许还有许多学生仍然不会自行修改习作。作后讲评讲得不透彻，评得不到位，学生听得云里雾里，没有为后续写作能力作铺垫，那又怎么提升学生的习作水平呢？

如何提升讲评课的效度，不让低效肤浅的讲评课成为学生眼里的“鸡肋”呢？

第一，作后讲评课应该体现学生的主体地位。讲评课不是简单地让学生将作文读一读，教师讲一讲，评一评。讲与评如果都成了老师的事，从头唱到尾，那么学生坐在课堂上就只能是被动地接受知识，而且单一的课堂模式，只会让学生觉得枯燥乏味，学生没有了学习的兴趣，还何谈学习的效率呢？教师的重要作用在于课前认真地准备，细读、研究学生的习作，发现优点，找出缺点，设计好讲评课的思路。到了课堂上，还给学生主体地位，让学生积极参与到作文讲评课中，动脑想一想，游戏做一做，情景演一演等，调用多种形式让学生自主学习、自我探究、自我发现、自悟自得写作的奥秘。

第二，作后讲评课应该讲得实在，评得在理。“先写后教”“以写定教”，这就是作后讲评课的特征。教师依据学生的作文“号脉”，得出诊断结果，再开处方，这药才能下得准，才能药到病除。教师在习作批改时，要善于发现学生作文表达上的精彩点或发现学生作文表达上普遍存在的一个缺陷，示范的佳作也罢，供人挑刺的败笔也罢，都可以由此引出一个训练点。这样的训练，从学生的实际出发，找到了最佳路径，结合理性的分析与阐述，感性的点拨与引导，及时的实践与运用，让学生在“饱尝盛宴”之后留下深刻的记忆，使学生在最短的时间内有最大的收获，学到一生受用的写作技法。

第三，作后讲评课应该教给学生最实用的写作知识。适合的才是最好的。面对学生写作难的困境，作后讲评课不仅仅是引导学生欣赏几个优美的句子，还要教会学生如何围绕中心选材，如何巧妙构思文章，如何进行语言表达，如何把人物的语言、心理、动作写细腻等等，方方面面，枝枝节节，系统性的小步子训练，扎扎实实上好每一次讲评课，必定会启发学生细腻的生活感受力和丰富的语言表现力，增强学生对语言、对写作的敏感力。如果缺少经验性的写作知识，只凭所谓的语感，只能是月朦胧鸟朦胧。所以，有了适宜的写作知识观照，才有实实在在的作文讲评课。

到底怎样才能教会学生"走路"，怎样才能让作后讲评课讲得每一个学生心里都透亮呢？聚焦"三力训练"，运用多样的教学方法和策略，把知识、技能用不同的方式呈现出来，教学不着痕迹，让学生在不知不觉中积累跬步，最终至以千里。

一、心灵的敏感力

1.现场演示，在熟悉的地方看风景。

有时学生在写人、写事时对于经历过的事写得不够具体，原因在于回忆、记录时忽略了这个，忘记了那个，怎样才能引导学生拾掇起遗忘的记忆？有个妙招，有些场景可以再现，有些事情可以重演，有些举动可以模拟。这样，鲜活的一幕幕又重现在了学生的眼前，写起来就会流畅、细腻了。一次，学生写自己捉金鱼。"我出绝招了，把它逼到死角。捉！鱼儿在我的手里跳来跳去。我把它放在另一个脸盆里。"到底是怎样捉的？怎么把鱼儿逼到死角？有哪些动作？文中没有写详细，写清楚。于是，课堂上我带来了泥鳅，让学生们体验一番再来写。在我的引导下，学生在亲自体验的过程中留意到了动作，再写下来，明显就写得生动多了。如果情境再现比较复杂，实施有困难。还有一个办法就是模拟，比如写自己洗碗，可以空手模拟下自己两只手分别有什么动作，边写边模拟，那就像慢镜头回放，可以反复多次操作，可随时喊"咔"，停下来寻思，这样模拟多次，就能把很多遗漏的细节与动作都逐一描写下来了。

通过组织和引导学生观察、操作、动手模拟解决习作中描写不具体的问题，也是作文讲评课的一种方法。很多时候，很多动作容易被学生忽视，因为太熟悉，才使得“熟悉的地方没有了风景”。现场演示，情景再现，让学生亲自动手、动脑，或独立，或合作地去完成，学生就能在体验中获得更多的灵感，拥有更多的感触；模拟演示，带领学生“穿越”，打开记忆大门，把经历的一幕幕重新回放一遍，把遗忘的片段重新拉回“舞台”。在这两种体验过程中，学生关注了动作，就能把一连串动作分解，经过重整、加工、串联，把人物活动刻画得栩栩如生；学生关注了内心活动，就能把自己的心理感受描述得更真切、更细腻。当然，在现场演示时，需要教师适时地提出观察任务，有了明确的观察目标，学生才能有针对性地去体察。

2.有意试错，让经典作品来说话。

学生作文经常会出现“大头病”，啰啰唆唆写了一大堆才讲明或是还没有讲明文章到底要写什么。比如学生介绍自己的好朋友，开头写：“在我的记忆长河中，从小到大，我有许许多多的好朋友，最让我难忘的就是他——某某某，他带给了我许多欢乐。”按照学生的写法，我故意给课文《师恩难忘》也加了个类似的开头，投影出示：“在我的记忆长河中，从小到大，我认识过许许多多的老师，最让我难忘的就是他——田老师，是他在我心里播下了文学的种子。”在学生的笑声中，我出示课文的开头：“那年正月新春，我不满6周岁，便到邻近的乡村小学去读书。”学生在读中感悟课文直入主题的描写方法，语言更真实、亲切、自然。

很多学生在写事情的文章结尾处都会写到“通过这件事，我明白了……”，似乎是写事情的文章结尾非要讲明一个道理，而且非要把大家早已熟知的道理再直白地表达一遍才能收尾。我也试着用同样的方法给《厄运打不垮的信念》一课加上这样一个结尾，问学生好不好。在学生的否定中出示课文结尾：“在漫长的人生旅途中，难免有崎岖和坎坷，但只要有厄运打不垮的信念，希望之光就会驱散绝望之云。”在欣赏中引导学生明白文章结尾即便要讲述一个大家早已明白的道理，也得要用别人想不到的新颖的表述方式。

学生在作文中写一件事情通常会说“记得有一次”，写第二件事会说“记得还有一次”。看看课文《梅兰芳》是不是用“还有一次”来写梅兰芳第二次拒绝日本人的“邀请”呢？出示课文句子：“然而，日本人并未善罢甘休，他们又‘邀请’梅兰芳登台演出。”一句自然的过渡，巧妙地引出第二个事例。

引用课文中的语段，故意试错，创设的问题情境与学生原有认知相矛盾，也就是说，课文语句一改动，与学生对文本认知结构的原有经验不一致，导致学生心理不和谐状态的出现，使学生产生疑问、迷惑，促使学生产生对信息的探索行为。学生的认知好奇心一旦被激发，就会按照“认知冲突—探究文本表达好在哪里—深思按照自己的思路来写有什么不足—发现问题—解决问题”的思路来明确应该怎样修改自己的作文。习作讲评时联系课文教材，借用文本中同类型的语段作为示范例子，故意试错，让书本权威专家来说话，最具有说服力，也最让学生信服。

3.独特命名，在名字背后藏“故事”。

要想切实提高学生的习作水平，还要引导学生学会选材，解决无米之炊的难题；要教会学生构思，在动笔前先有一张设计稿；要教会学生丰富的语言表达，学会装饰自己的文章。如果是用大道理泛泛而谈，显然学生是不会理解的，也许听了就忘。假如把要教的内容进行提炼概括，取上一个形象的、有趣的、独特的名字，通俗易懂又便于记忆，不失为一种好的方法。例如，构思的“曲折感”，结尾的“含蓄感”，语言的“幽默感”“新鲜感”“节奏感”“现代感”；前后重复意思的“痴呆”病，开头写得冗长的“大头”病，开头就概括点出下面所要写的事件，缺少神秘感的“泄密”病……这样的名字深入人心，一想到名字，学生就明白该怎样表达语言了。

作后讲评课应该呈现出讲不讲不一样，评不评有不同的效果，课堂上就要教给学生实实在在的写作知识：幽默感、含蓄感、曲折感、细腻感等，用一个专业术语或是象征性的名字来对写作知识进行概括和阐释，也就有了讲评的依据和抓手。这些基于学生作文经验基础上的实用型写作知识就有了一个特有的称号，有利于学生理解知识，运用知识，帮助学生今后在习作中遣词造句避免语病，巧妙构思段落、篇章，可以大大提升学生的写作能力。每一节讲评课，与学生一起思考一种语病、一种句式表达、一种篇章构思的名字，能更好地把写作的技巧与奥秘深深烙印在学生心里。

二、语言的表现力

1. 引入游戏，玩乐中探究发现。

仔细阅读学生的习作会发现，很多学生受课外优秀作文选之类的影响，认为用优美的语言打造一个靓丽的开头就是作文成功的一半。比如，学生写自己的一件童年趣事，开头都是类似于这样的表述："我的童年，就像一条珍珠项链，它由许多颗珍珠串联而成。现在，我取出最闪亮的一颗，与大家一起分享我的趣事。"乍一眼看，觉得语言简洁、富有诗意，没有什么问题，但细想就会发现这样的表达问题不小，没有紧扣自己的文章主题来写开头，诗一样的语言美是美，可是说得太空，太虚，拉起高调，华而不实。讲评课上，我把这样的开头逐个呈现出来，请学生玩游戏——找火车头，分别为《"孵"小鸡》《我是化妆师》《"落汤鸡"》《贪吃的后果》《车趣》《虚惊一场》这六篇习作找出对应文章的开头。学生一找，立刻就会发现这样的开头根本分辨不出，这样的开头出现在任何一篇习作上都可以，无论写什么趣事，都能搭配上这样的开头。通过游戏，学生自己发现了问题，有了诊断结果，这个"套话"病就在学生心里根深蒂固了。

作后讲评课，一味地讲与评，形式简单，学生听着没趣，会导致课堂效率低下，失去讲评课的作用。可以通过游戏学习写作技巧，即"玩中学，学中玩"，把写作中存在的问题或是写作方法蕴藏于游戏中，既提升学生的学习兴趣，又给了学生一个自我探索、自我学习的机会，有了活跃的思维与有趣的学习情境，让学生自己找到答案，比教师单一的说教有效得多。病症的概念和原理，不是先由教师直接讲述给学生听，而是让学生在游戏中积极思考，独立探究，自行发现并掌握病例的特点，有利于学生透彻地理解，长久记忆的保持。

2. 对比强化，差异中指引启发。

作后讲评的内容需要整合，教师可以把同一类型的佳句集中在一起供学生欣赏，也可以把同一主题内容的精彩句子与典型的问题句子放在一起讲评，一正一反的例子有了鲜明的对比，学生自然而然会领悟到问题句子的不当之处，明白什么样的表达才是正确的、最妙的，从而学习如何进行表达。例如写童年趣事，有学生写《车趣》，结尾是“直到现在，一想起学自行车的情景，我就忍不住发笑”，紧扣题目，语言简洁，联系主题来写。有学生写《尿床记》，以“我的童年就像满天的星星一样多。我与大家分享了最闪耀的那颗星，是不是很有意思?”作结尾，说的是套话，没有紧紧围绕文中所描写的故事来收尾，把这两句话对比出示，比较一下有什么差别。学生就能分辨出病句说空话，讲大道理，不实在，为文中故事量身定做的结尾才是最合适的。

“比较是思维的基础，是理解问题的重要方法，在教学中适当运用比较，有利于引导学生辨别事物的本质特征和非本质特征，达到深化概念，活化规律的目的。”作文讲评时，我们如果单一地告诉学生这样写不对，那样写不好，究竟应该怎么写呢？学生还是丈二和尚，摸不着头脑，有了好的例子作对比，学生就能感知两者的差异，不仅能清晰地判断出怎样写是好的，而且从好例子中获得启发，有所延伸，解决怎样写的难题。如果是通过相似、相近同类型语句的横向比较，多角度、多方面的呈现，也能有助于学生理解该项写作技法，便于实践运用。

3. 卖弄关子，思考中欣赏体悟。

学生习作中有时会出现一些很特别、很经典，富有个性，富有创意的句子，如果只是出示句子让学生读读，欣赏一下，学生的印象就不够深刻。“这次我们班最高大的男生裤子破了个洞，这笑话____________________。”

“这笑话怎么样呢？”教师故弄玄虚，隐藏句子中精妙的部分，卖个关子，让学生尝试着填空。“这笑话真是让人笑破肚皮。”“这笑话真是如天方夜谭。”……学生众说纷纭，最后揭开神秘面纱，看看作者是怎么说的，出示句子：“这次我们班最高大的男生裤子破了个洞，这笑话大得就像举重运动员拎不动一个书包一样不可思议。”学生有了自己思考的过程，在猜谜语式的有趣活动中揭晓出乎意料的答案，经过对比，就更能深刻体悟作者独特的表达、佳句的妙处所在。

很多教师在作后讲评课上大量出示学生优秀的语句、段落读一读，就算欣赏完佳句了，我们是否还应该反思一下：学生读是读了，到底记住了什么？从中学到了什么？达到怎样的讲评效果了？教师切中要害处提个问题，引领学生停下脚步慢慢地品一品，学一学，不仅是这句话停留在学生的眼前时间长了，不至于像流星一样瞬间划过就溜走，更因为“问则疑，疑则思”，一石激起千层浪，发人深思，让学生有所思考，随后再来看作者的原句，这句子就让学生的记忆更深刻了。卖个关子，放慢节奏，给了学生“呼吸”“喘气”的机会，当学生的思维与作者的思维发生碰撞后，学生自己封闭的知识结构就会发生动荡和调节，从而提升思维层次，让学生获得新的感悟与体验。

三、篇章的架构力

1. 采用类比，用生活解释写作知识。

很多学生写作文前不会构思，想到哪写到哪，不会顾及是否围绕主题来取材，不会考虑所写的几个内容是否搭配得当，更多的学生是根本不明白素材内容到底应该怎样组织才是合理的，只会一股脑把自己所想到的不管有用没用的内容统统写进文中，不会取舍，不懂搭配。比如有关写人的习作，学生通常会有三种写法：记一件事写人物的一个特点；记几件事写人物的一个特点；用几件事写人物的几个特点。其中第三种写法是最难把握的。班上一位学生写《我的同桌》，第一个故事表现同桌语言幽默，第二个故事表现同桌爱管闲事，第三个故事反映同桌很大方。这三个故事搭配在一起就缺少内在的联系。怎样让学生更清晰地理解事例的选择要合理搭配呢？教师不妨运用学生熟知的菜来做类比，大家都知道西红柿炒鸡蛋，红色的西红柿，酸酸的，金黄色的蛋，香香的，让人很有食欲。如果换成西红柿炒茄子，颜色上就不协调，如果换成豆腐炒鸡蛋，淡的颜色，淡的口味，估计也没人爱吃。大家都听说过青椒炒土豆丝，没有听说青椒炒青菜，不是所有菜烧在一起成了大杂烩就是美味的，菜的搭配是有所禁忌的，有些菜不能放在一起炒，这样一比喻，学生就明白故事“炒”故事需要考虑故事的内在关联。继而，当堂剖析《我的同桌》几组故事：学习好，唱歌五音不全，灌篮高手，心胸狭隘这四个故事哪个不适合放进文中？学生当堂练习，重新搭配，再对照自己的习作进行修改，文章就会因为故事的巧妙搭配而鲜活灵动。

苏联早期心理学家维果茨基提出了最近发展区。他把学生在教学过程中的发展水平分为两种水平。一种是现有发展水平，即学生能够独立解决问题的水平；另一种水平即在教师或成人的引导与帮助下才能达到的解决问题的水平。这个存在于学生现有发展水平和在成人引导下所能达到的发展水平之间的差异，就是最近发展区。借助学生已有的生活经验，对菜的搭配的讲究，为学生发展创造最近发展区，让学生明白文章所写的故事也需要和炒菜一样考虑它们内在的联系，考虑其合理的搭配，把生活中的道理迁移到写作中，从而使学生的最近发展区转化为他们现有的发展水平与写作认知。

2. 直观表象，用笔把文章画出来。

小学生的思维正处于具体形象思维向抽象逻辑思维的过渡阶段，教学中加强直观演示，运用图片、图示等教学手段就能把抽象知识形象化，在学生头脑中形成清晰正确的表象，在脑海中留下鲜明的印象。对于分析、讲解学生优秀习作的巧妙构思，最常用、最清楚、最有效的方法就是“分解板块，画出结构图”。例如，学生的习作《早知今日，何必当初》，写自己的烦恼，围绕弟弟的出生来选择故事：好东西给弟弟吃；生男孩爸爸高兴；成了弟弟的保姆；给弟弟起名字比给我起名字还用心；苹果手机给弟弟玩。为了清晰地表达作者的构思，我用图表表示之后，学生就一目了然了。

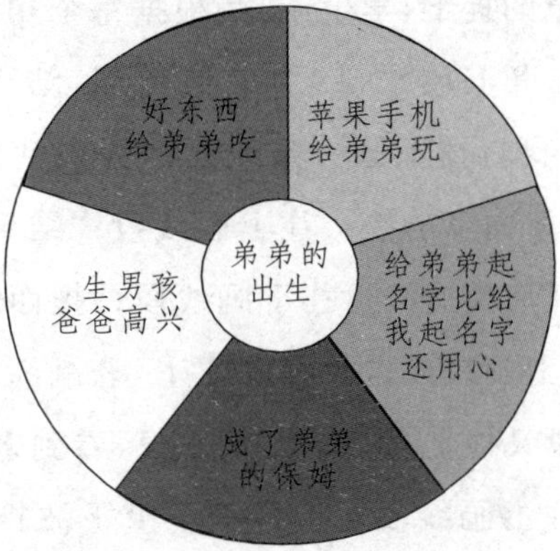

图 4-1　围绕中心的结构图

学生写《幸福在哪里》，分别从三个层面“有爱是幸福”“分享是幸福”“奉献是幸福”写出自己对“幸福”的理解。三个段落结构相同，每段开头第一句即中心句，随后以事例阐述观点，最后一句总结与第一句话相呼应，升华主题。文中对称的段落结构，巧妙的整体架构，语句之间内涵的紧密联系，只要用图表来演示，文章脉络就清晰可见，也便于学生学习段落结构与句式，可以让学生试着仿写并列式的段落。

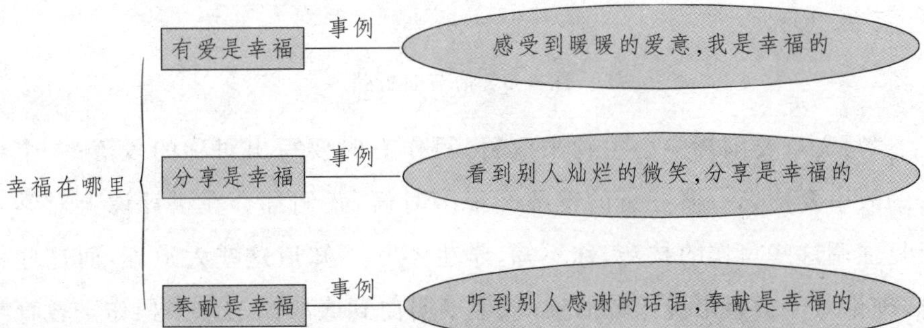

图 4-2　排比段落的结构图

怎样才能把故事写精彩？写故事要有故事的曲折感。怎样才能有曲折感？那就得寻找曲折点。什么叫曲折感，怎样写才能体现出故事的曲折来呢？几条简单的线段就能让学生对写故事有新的认识。例如，学生写《缉鼠记》,我先逐句出示文章的提纲,学生读,我根据每个句子在黑板上画出波浪线。学生读"我特意在桌上放水果,引老鼠出洞,结果没有发现老鼠的行踪",可见行动失败了,我就往下画一条线段;"买来粘鼠板治治老鼠",想到办法了,我顺势连接刚才向下的箭头往上画线段;"结果还是失败,粘鼠板上丝毫没有留下老鼠的任何痕迹",再往下画线段;"把西红柿作为诱饵放在粘鼠板上,引出老鼠",往上画线段;"西红柿吃了,老鼠逃了",往下画线段;"放上老鼠笼和诱饵",线段又往上去;"第二天一早,看到老鼠笼里有'贵客',完成老鼠捉拿案",继续往上画线段。这样上下上下波折线一画,学生就能明白什么叫故事要有曲折。

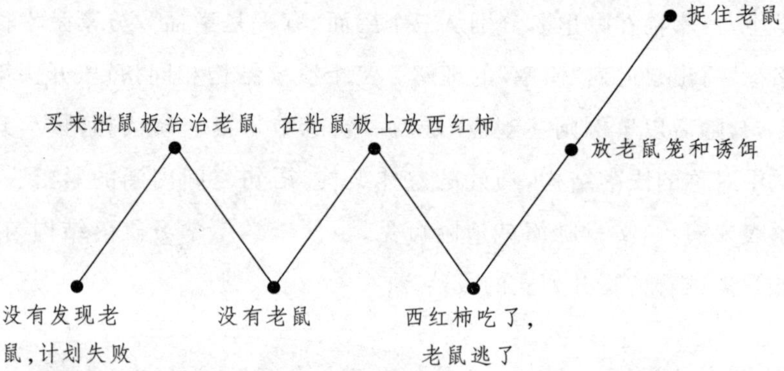

图 4-3　情节曲折图

"写文章要围绕中心主题来取材;写作有时要写出对称的段落;一个精彩的故事要构思一波三折的情节。"很多时候,我们都会在讲评课上对学生反复强调这些写作的技巧,殊不知,学生不是不知道这些大道理,而这些概念、理论对于学生来说比较抽象,学生不明白到底应该怎样来操作。教育学上有一个直观性教学原则,它是指教师在教学中通过引导学生观察所学事物或图像,让学生聆听教师用语言对所学对象的形象描绘,形成有关事物具体而清晰的表象,以便理解所学知识。夸美纽斯也曾指出:"凡是需要知道的事物,都要通过事物本身来进行教学;那就是说,应该尽可能地把事物本身或代替它的图像放在面前,让学生去看看、摸摸、听听、闻闻等。"作文讲评课上，借助图表、结构分解图、曲折线等可感的、形象的、具体的图像，展示文章的内部结构、事例的相互关系及巧妙的构思等，让学生有了必要的感性知识，形成了清晰的表象，那么他们理解理论知识也就轻松得多，不仅明白要写什么，而且懂得要怎样写。

3.实物验证，用事实辨别真假。

每次批阅学生写人的作文，在描写人物外貌时，总是能看到这样的词句"浓眉大眼""水汪汪的大眼睛""樱桃似的小嘴"，似乎所有的人都是同一个模子里刻出来的，长相都一样。即便描写的对象明明是小眼睛、大嘴巴，作者也非要把他整成"浓眉大眼""樱桃小嘴"。还有学生写人物外貌，从头发写起，眉毛、眼睛、鼻子、嘴巴、耳朵……不管该写还是不该写，他认为都要写，结果真是"眉毛胡子一把抓"了。为了让学生自己发现问题，在讲评作文时，我请学生带来写作对象的照片，与自己习作中的外貌描写相比照。如果是写同桌的就更方便了，直接把主人公请上台，让大家对照真人和投影出示的外貌描写，看看写的是否是同一个人，此时同学们都会在哄堂大笑中发现问题，明白写人物就要真实地抓住最富有特点的来写，不用面面俱到，更不能胡乱吹捧。

为了让学生明白写人物外貌的第二个要领，即只选择与你要写的人物特点有关的外貌写。我分别出示了爱因斯坦和刘翔的照片，请学生进行观察，说说自己会抓他俩的什么特点来介绍外貌，这样的外貌与人物特点有什么紧密关系。最终让学生懂得：写爱因斯坦不拘小节，把时间都花在科学研究上就要抓住他又长又乱的头发来介绍；写爱因斯坦充满智慧，就应该紧扣宽阔的额头和深陷的皱纹来写；写刘翔跑得快，跨得高，就写他长长的腿；写刘翔是个阳光男孩，就写他的嘴巴、他的微笑。这样一训练，学生既抓准了人物长相的主要特征，又与所写的人物特点对应起来。外貌和故事呼应了，这就是最好的外貌描写。

很多学生写完了作文，就算任务完成，没有养成反复阅读、修改的习惯。文中错别字、不通顺的语句，甚至描写不属实的地方也从来不管。数学中竖式计算后可以逆向思维进行验算，看计算的结果是否正确。写作文也可以进行验算。写了谁，长相有什么特征；写了哪样物品，什么样子，只要把文字与真人或实物一比较，就能知道你写的是否真实，是否准确。通过验证，让学生明白了写作就是真实地记录下自己看到的、听到的、想到的，最真的才是最美的。

每一次作后讲评，我都会与学生一起分享习作中出现的有特色的题目、优美的句子、精彩的段落及巧妙的构思。在欣赏中，引导学生发现亮点。学习怎样的标题，是夺人眼球的；学习怎样的描述，是语言鲜活的。在指引、归纳、小结中，被表扬的孩子体验到了成功的喜悦，感受到了表达的快乐，其他学生也在分享的过程中豁然开朗。作后讲评时，我还对学生习作中的问题进行归类梳理，指出具有共性的一类问题，而不是一个问题，在引导学生认识问题的基础上指导学生当堂修改。光说不练假把式，为了提高讲评的效度，课堂上还紧扣“欣赏”“诊断”这两个板块的内容，针对一个写作技法或是一个问题进行延伸训练，创设语境，让学生动脑想一想，动笔写一写，这正是讲评的生长点。教师对习作讲评的训练如果能有一个整体的规划，每次小步走，那么一个学期、一个学年下来，学生就能扎扎实实收获一箩筐。如此积累并加以实践运用，学生就能在模仿、巩固中真正习得言语表达的技巧和篇章段落的构思方法；在迁移、创造中形成个性化的语言，生成独特的作品，真正实现“我手写我心”，用自己的文字表达自己的内心，用精彩的文字留下自己闪光的思想。学生在文字王国如鱼得水般自由创作，随心写出自己想说的话，随手留下别具风格的语言，用丰富的语言文字修饰一个最真实的心灵世界，从此脱离写作的辛苦，享受写作的幸福。

运用多样的手段上出作后讲评课的科学性、趣味性、艺术性、导向性，真正从学生的真实水平作为起点来切入教学，教给学生受用的作文知识和方法，使作文课堂教学出现新的生机与勃勃活力，从根本上提高学生的作文水平，并获得拔节的成就感。别样的作后讲评课，也会展示出一番独有的风景。

第五章　儿童写作的课堂实践

作后讲评课到底怎么上?

作后讲评课需要有个“前奏”。在批阅学生的作文时,就应该及时记录学生习作中好的句子、片段、巧妙的构思及出现的问题,将所有记录的内容做个梳理,进行归类、整合与删减,确定最值得教的内容,聚焦教学目标,才能有高效的课堂。

作后讲评课需要有所设计。教学过程中“欣赏”“挑刺”“训练”这三个环节,以“欣赏”为“重头戏”,“夸”出学生的写作信心与写作欲望,学生才能与写作走得更近。“小课堂,大世界”,课堂上还要运用演示、试错等多样化的教学手段,把实用型的写作知识蕴藏于学生的学习活动中,让学生在思考、比较、探索、体验中自悟自得写作的奥秘。

作后讲评课就是这样一堂别有趣味、卓有实效的课。

第一节　让人物学会“说话”

《作文讲评课:学写对话》于 2014 年 12 月在“全国首届新体系作文青年教师教学观摩研讨”活动中荣获特等奖。薛法根校长为这节课做了评析。

【教学目标】

(1)学习让文中的人物开口说话。

(2)发现与欣赏人物提示语变化。

(3)在改写场景中学写人物对话。

【教学对象】

四年级学生

【设计意图】

学生写作文,写发生在自己身边的事,其实就是讲述一个真实的故事。既然是故事,一定会出现故事中的有关人物,既然有人物,那么人物就一定会开口说话。因为在现实生活中,人是一定会开口表达,与人交流的,所以我们写入文中的人物也必定会描写到他的语言。

把人物说的话用具体的文字描写下来,看似很容易,其实是有很大的学问:什么时候有必要把人物说的话字字句句描述下来,什么时候不用具体写出人物怎么说的、说了什么,而是用一两句话简明扼要地概括说话的主要意思就行;什么时候要用提示语,什么时候可以省略提示语;什么时候需要变化提示语的不同位置;怎样用动作、神态、表情表示提示语,怎样写好不带“说”字的提示语……你瞧,要写好人物的语言简单吗?

平时,学生在写作中,对人物说话句的描写没有一个系统性的认识。缺少一个整体性、联结性的完整的体系,所有的知识点没有互相勾连,人物的语言写得不够精彩,人物的形象就难以留存在读者心中。

《学习写对话》这节作后讲评课运用“联结六问”，力求打开学生联结性学习的通道，以整体知识系统及各知识点关联的组块信息实现学生的言语智能的自主建构，以便学生在新的学习情境中也会迁移运用。

一、学习让人物开口说话

如何让学生感悟文中人物开口说话的必要性和重要性呢？

出示：

学校运动会上，小明参加200米赛跑时被旁边的选手撞倒在地，没拿到名次，伤心得哭了起来。同学们上前纷纷安慰，他终于破涕为笑。

学生一读就会发现文中有一群人都成了“哑巴”，如果加入“安慰”的一句句话语，则不仅可以让文中的人物“活”起来，还可以使内容更具体。

出示：

妈妈忙着炒菜，看我在看电视，就叫我去买瓶醋。我正看到兴头上，不肯去。妈妈冲我说了一句话，我立刻飞奔下楼买醋去了。

这句话虽然读来也通顺，但是没有写出妈妈到底说了一句什么话，读者就不明白为什么文中的“我”的态度会有飞跃的转变？学生们结合自己的实际生活，联系妈妈平时的态度给句子做了加法，有用惩罚的方法，有用物质诱惑、奖励的计策，有用讲道理的策略。这不，学生这样一改，不但文中的妈妈“活”了，读者也看得明白了，而且通过语言刻画出了人物的性格特点。

通过这第一步的练习，学生就有了意识，有了深切体悟，很多时候在写作时要让人物开口说话，写出人物的语言。

二、发现与欣赏提示语的变化

如何让学生感悟对话中的提示语的立体感呢？

还是先从反例入手，出示学生习作中的一段对话，让学生自己去发现问题，他们一读就发笑了，觉得对话中反复出现“说”不妥，提示语的位置始终放在说话内容前面，太单一。因此，在写作中应根据语境变化提示语的位置。此外，除了用“说”做提示语外，还可以用“问”“吼”“责备”“打圆场”“窃窃私语”……教师在课堂上引导学生积累背诵这些词，可为后面的改写场景作铺垫。

那么，提示语中一定要表达“说”吗？结合教材看看学过的课文是怎样写好对话中的提示语的。引用课文作为范例，让权威来说话。借助《水上飞机》的一段对话，和学生的习作一对比，就会有许多新的发现：提示语的位置可以变化，提示语可以省略，人物的动作、神态、表情等也可以作为提示语，如此包装提示语，提示语就会富有立体感。

懂得技巧还要学会运用，立马请学生修改刚才出示的那段对话，提示语不用“说”字，能更恰当地表现出说话人当时的语气、态度、心情……“改头换脸”的一段对话让这个场景变得更生动，更有情趣了。

三、在改写场景中学写人物对话

结合刚才学习的两个板块，引导学生进行综合运用，在出示的一段话中加入人物开口说话的内容并且写好提示语。在交流时紧紧围绕教的两个内容，引导学生关注人物说了几句话，说了什么内容，不用“说”字，提示语写了些什么。

整堂课紧紧围绕“让文中的人物开口说话”“写好提示语”展开教学，教学环节与学生的练习循序渐进，逐层深入，逐步提高要求，让学生容易吸收知识、消化知识，切实有所收获，体验拔节的快乐。

【教学实录】

一、学习“让人物开口说话”

师：同学们，我们每个人都长着一张嘴，嘴一张就能说话。你知道在你的周边，谁的嘴最厉害，能说会道？

生1：我的妈妈。

师：嗯，妈妈很能说。

生2：老师。

师：老师也很能说。

生3：我也很能说。

生4：校长。

生5：同学。

师：哪一位同学？

生5：余思齐。

师：看来，你很了解他。同学们肯定猜不到最厉害的是这张嘴，请看——

（播放《九品芝麻官》片段）

师：这是电影《九品芝麻官》的芝麻官包龙星，人称白脸包公。这嘴厉害吧？他的嘴怎么厉害？

生1：他一说话，能让死人复活。

师：是啊，把死人都说活了。

生2：他一说话能把一排蜡烛灭掉。

生3：他能把一根弯的铁管子说直了。

生4：他能把海里的鱼虾都掀到岸上。

师：你知道为什么鱼虾都蹿到岸上？（做掀起大浪的手势）

生4：因为有很大的浪。

师：对啊，他一说话就能掀起滔天巨浪。这张嘴本事大吧？

生：（齐）大。

点评：教学的秘密在于点燃学生的学习热情，从内心产生学习的欲望。金洁萍老师通过视频展示了《九品芝麻官》中包龙星的嘴上功夫，确有喜剧效果。学生在笑声中领悟到“能说不等于会说”的道理，也暗示了本次作文讲评的主题“学写对话”。

师：我们的嘴虽然不能像他那样能说会道，但至少可以开口说话。遗憾的是，我们在同学的作文中，总是会看到不少的哑巴。不信，你来看——

出示：

学校运动会上，小明参加200米赛跑时被旁边的选手撞倒在地，没拿到名次，伤心得哭了起来。同学们上前纷纷安慰，他终于破涕为笑。

师：谁来读一读？

（一学生读句子）

师：文中谁成了哑巴？

生：同学们。

师：是啊，一群人都成了哑巴。同学们会怎么安慰小明呢？

生1：这次没有拿到名次，没有关系，下次还可以继续努力。

师：这话说得很有道理。

生2：没关系的，这次没有拿到名次，不是你的错，而是因为你在你跑步时被别人撞倒了。以后努力，一定会拿到名次的。

师：哦，那是发生了意外是不是？哦，听了这话，小明心里一定舒服不少。

生3：没关系，我们知道你已经尽力了。只要你下次跑步时多加小心，一定能拿到名次。

师：你很相信他，是不是？嗯，你很会安慰人。

生4：加油，下一次一定不会有意外，你一定会拿第一名。

师：虽然话语很短，但是你也开导了他。

生5：没事的，失败乃成功之母。

师：哟，这句话算得上经典。瞧，这么一开口，人就活了，内容就具体了。所以，让作文中的人物开口说话，真的很有必要！（板书：人物开口说话）

（学生齐读板书）

师：再来看一段。

出示：

妈妈忙着炒菜，看我在看电视，就叫我去买瓶醋。我正看到兴头上，不

肯去。妈妈冲我说了一句话，我立刻飞奔下楼买醋去了。

师：请同学们自己读读这段话，谁能给句子做做加法，让文中的人物开口说话，从而让人物鲜活起来？

（学生读）

生1：妈妈说："如果你不去买醋，就让你一个月不准看电视。"

师：瞧，这位妈妈很厉害。

生2：妈妈说："如果你去买醋，就奖励你再看10分钟电视。"

师：看来奖励还是很有用的。

生3：妈妈说："如果你不去买醋，就扣除你一个月的零食。"

师：扣除一个月零食啊，这位妈妈更狠了。

生4：妈妈说："我要做红烧鱼，如果没有醋的话，就不好吃了。"

师：那就吃不到美味的菜了。

生5：如果你不去买醋，就惩罚你一个月不准玩电脑。

师：妈妈的这个惩罚措施够厉害。

生6：你要是不下楼去买醋，这道你最喜欢的红烧鱼就不给你吃了。

师：妈妈也是用惩罚的招数。妈妈还会怎么说啊？

生7：长时间看电视对眼睛不好，你下楼去买醋，顺便让眼睛休息休息。

师：这位妈妈讲的话有道理吧？你看，这是一位很会说话的妈妈，很温柔。

生8：听说楼下的店有促销，买一瓶醋就可以获得一个游戏币哦！

师：妈妈诱惑你下楼去买醋，是不是？瞧，人物这么一开口，文中的妈妈"活"了，事件也清楚了，人物更形象了。

点评：作文教学旨在让学生学习用书面语言解决生活问题，以此让学生深切地体验作文的交际意义和运用价值，从而自觉地将作文当作一种生活方式。如何安慰同学，让他破涕为笑？妈妈说了一句什么话，便让"我"乖乖地下楼买醋？这两个生活化的语境，话题的内容指向具有很大的想象空间，

学生有话可说。然而作文教学不能止于打开话题，而更应在话语的妥帖上下功夫，即学生所设想的话语与说话者的身份、场景是否适合。从学生的即兴说话中可以发现，“你下楼去买醋，顺便让眼睛休息休息”“买一瓶醋就可以获得一个游戏币哦”等语句，与当时的语境不太吻合，应加以必要的评价指导，以此让学生懂得人物说话应合乎身份及语境的要求，要有对象感与情境感。在这一点上，金老师的点评似有不足，未能在学生已有的基础上做进一步的提升。

二、发现与欣赏提示语的变化

师：那么是不是只要让人物开口说话就万事大吉了呢？请看这一组句子，谁来读一读？（指名一生读句子）

出示：

晚饭后，爸爸悠闲地点了一根烟。

妈妈说：“喂！怎么又抽上啦？”

爸爸说：“就一根，就一根。”

妈妈说：“在家里一根都不行！”一把夺过烟头，扔在垃圾桶里。

爸爸说：“你想干吗？想干吗？”

我说：“爸，你想让我和妈吸二手烟吗？”

爸爸说：“好好好，我出去抽！”

妈妈说：“抽抽抽，抽死你！”

师：人物说了很多话，你感觉有什么不妥吗？或者感觉有什么别扭吗？

生：可以把这些“说”改成别的词。

师：你的意思是说这里的提示语反复用一个字——“说”，单调，乏味。那么，同样表达“说”这个意思，能不能用不同的方法来表示呢？听清楚要求，不用“说”，换一个字。

生1：气冲冲。

师：“气冲冲”是表示“说”的吗？不用“说”，换一个字。

生 2：可以用“问”字。

生 3：可以换成“答”。

生 4：夸。

生 5：可以用“骂”。

（出示表示“说”的一字词，学生齐读：喊、叫、呼、吼、吟、读、问、答）

师：不用“说”字，换成两个字。

生 1：质问。

生 2：责备。

生 3：表扬。

生 4：批评。

生 5：讨论。

生 6：嘱咐。

（出示表示“说”的二字词，学生齐读：恳求、责备、质问、提议、劝告、训斥、抗议、抱怨、祝福、吹牛、唠叨、商量、狡辩、嘲笑、讽刺、怒吼）

师：不用“说”字，换成多个字来表示，谁会？

生 1：可以用“议论纷纷”。

生 2：胡言乱语。

生 3：破口大骂。

生 4：七嘴八舌。

（出示表示“说”的多字词，学生齐读：打圆场、耍贫嘴、窃窃私语、胡言乱语、议论纷纷）

师：同学们再快速记一记这些词语。（学生自己背，积累词语）

点评：这个训练旨在变换提示语“说”，启发学生用另一个字置换，用两个字、多个字来表示，目的都是避免重复，使书面的提示语更能体现言者说话时的神态、语气及话语的含义。这样的训练既帮助了学生积累词语，又提高了学生遣词的能力，一举两得。其实，这样的单项训练还可以在阅读课上结合具体课文来进行。

师：像这些表示“说”的词，我们平时虽然都积累过，但是还要学会运用。我们再来向教材学习学习，看看课文中的人物是怎么对话的。三年级的时候我们学过一篇很有童趣的课文《水上飞机》。还记得吗？

生：（齐）记得。

师：课文内容很有趣，课文中的对话更有意思。

出示：

“喂，船大哥，你好啊！”

“你好！我不是船，我是水上飞机。”

“飞机？你怎么掉到海里去啦？”小海鸥吃了一惊。

水上飞机笑了：“我是降落在这里的。我是海上救护机，可以迅速救援海上遇难的船只。”

师：请你自己读读这组对话，发现和刚才一组句子的提示语有什么不同？

（学生自由读句子）

生1：这里省略了提示语。

师：这一组对话中第一、第二句话省略了提示语。当对话紧凑，不写提示语也知道是谁说的话时，可以不写提示语。

生2：第三句话把提示语放到了句子的后面。

师：你关注到了提示语位置有变化。我们可以把提示语放在说话内容的后面，也可以像第四句一样放在说话内容的前面。有的时候还可以放在说话内容的中间。

生3：这组句子中都没有用“说”。

师：用什么替代了“说”字？请你再来读读提示语，我们一起听一听，看看提示语写了什么。

生3：（读提示语）小海鸥吃了一惊。

师：这个提示语不用“说”字，而是描写了什么？人物的一个——

生3：神态。

师：再来读读另一句话中的提示语。

生3：（读提示语）水上飞机笑了。

师：这个提示语写出了人物的——

生3：表情。

师：提示语不用“说”字，而是以表示神态、表情的词语替代“说”，这样一读对话，仿佛眼前真的有人在说给我们听。

（板书：提示语，不用“说”字）

点评：金老师及时引入教材课文《水上飞机》中的对话片段，作为学写提示语的范本，读写有机结合，教学便有的放矢。事实上，教材中的文本无不隐藏着写作的方法，关键在于教师是否有怎么写的教学意识。如果能结合教材文本阅读，渗透写作方法，作文教学便事半功倍。阅读课中有写作，写作课中有阅读，应该成为一种教学的常态。

师：同学们，瞧，写一组对话，我们有时可以省略提示语，也可以变化提示语不同的位置，还可以不用“说”字，而是描写说话人的动作、表情、神态等作为提示语。这样对话就变得不再单一，而且更具有表现力。现在考考大家，之前那段话中出现的这么多“说”，我们来修改一下，不用“说”字或者用表情、神态、动作等作为提示语，让人物形象更加鲜明。你觉得哪一个“说”一改，语言会更生动更形象？

生1：最后一句的“说”字。

师：那你怎么改？

生1：妈妈无奈道：“抽抽抽，抽死你！”

师：这句话还可以怎么改？

生2：妈妈骂：“抽抽抽，抽死你！”

师：妈妈很生气。还可以怎么改？

生3:妈妈双手叉腰,一拍桌子,怒气冲冲地喊道:“抽抽抽,抽死你!”

师:这个提示语写得很丰富,“双手叉腰,一拍桌子”写出了妈妈的动作,“怒气冲冲”写出了妈妈的神态,还用了表示“说”的词“喊”。看来,妈妈真的很生气。

生4:妈妈一手叉腰,一手指着爸爸的鼻子,破口大骂:“抽抽抽,抽死你!”

师:哎哟,妈妈真是愤怒到极点了。你还想改哪一句话?

生1:我想改第四句。爸爸也不甘示弱,手指着妈妈:“你想干吗?想干吗?”

师:提示语写出了人物的动作。

生2:爸爸质问:“你想干吗?想干吗?”

师:看来爸爸也生气了。

生3:爸爸急得直跺脚:“你想干吗?想干吗?”

师:爸爸也气得暴跳如雷了。还有哪句话是你也想修改的?

生1:妈妈暴跳如雷:“在家里一根都不行!”一把夺过烟头,扔在垃圾桶里。

师:嗯,妈妈的态度很坚决,说不行就不行。

生2:我想改第二句。爸爸对着妈妈撒娇:“就一根,就一根!”

师:爸爸为了抽根烟,不得不低声下气啊!

生3:爸爸恳求妈妈:“就一根,就一根!”

生4:爸爸微笑着缠着妈妈:“就一根,就一根!”

师:用了一个“缠”,爸爸也会发嗲!

生5:我想改第五句。我点头哈腰:“爸,你想让我和妈吸二手烟吗?”

师:老师想问你为什么要“点头哈腰”?

生5:因为我很无奈。

师:所以你要装可怜,是不是?

生6:我想改第一句。妈妈喊:“喂!怎么又抽上啦?”

师:看来,妈妈对爸爸抽烟很有意见。

生7:我想改第三句。妈妈暴跳如雷,头上冒着一团火:“在家里一根都不行!”一把夺过烟头,扔在垃圾桶里。

师:很形象。妈妈头上都冒火了,够气愤的。

生8:妈妈五官扭曲,冲着爸爸大喊:“在家里一根都不行!”一把夺过烟头,扔在垃圾桶里。

师:五官都扭曲了?这么夸张!

生9:我想改第六句。爸爸眉毛皱成一团:“好好好,我出去抽!”

师:爸爸没办法了,只能退让。刚才同学们用不同的词语来表示“说”,还刻画了人物说话时不同的表情、语气、语调。语言就变得生动形象,更富有情趣了。现在我们来读一读说话的内容,通过朗读把提示语表现出来。谁来做爸爸?谁来做妈妈?谁来做“我”?

(三位学生分角色读说话内容)

师:同学们一读,表现出了不同人物的个性特点。其实妈妈不让爸爸抽烟,这也是一种严格的爱。你看,文字背后隐藏着的是一份最真实、最朴素的情感。

点评:作文讲评课就是这样,讲讲、改改、评评、练练。教学提示语的诸多写法之后,让学生修改语段,学以致用,收效明显。从学生的修改中可以看到,绝大多数的学生都能不用“说”,改用更有表现力的提示语。但是仔细推敲,有些提示语仍然没有注意对象感和妥帖感。比如“骂”“破口大骂”是否符合母亲的形象?“撒娇”“微笑着缠着”也不太适合父亲的形象。用什么样的词,折射的是对人物的理解和态度。作为孩子,在描述这个家庭冲突的场景中,应该体现孩子应有的姿态。遣词造句,实质上也是锻炼一个人的修养。从这个意义上说,学作文就是学做人。

三、在改写场景中学写人物对话

师：现在，我们回顾一下，人物说话要注意的两点（手指板书）：一是要开口说话；二是尽量不要用“说”字，即使用到“说”，也可以用不同的词。这是班上一位学生写的一件事，谁来读一读？

出示：

午餐后，值日组长小红看到小明的脚边有一团餐巾纸，就批评小明不讲卫生，要扣分。小明很生气，两个人就争了起来。班长小兰走过去捡起纸团，对他们说了一句话，教室里顿时一片静默。

（指名一学生读）

师：这段话的哪些地方，人物应该开口说话？说话时的表情、神态、语气有些什么变化？想一想，改一改，看谁能把下面这段话修改得生动活泼。开始动笔。

（学生写话）

师：谁来读一读你写的？其余学生认真听，学会倾听也是一个好习惯。

生1：午餐后，值日组长小红看到小明的脚边有一团餐巾纸。小红破口大骂：“哎呀，你怎么就知道扔垃圾？你看，你看，脚边又是你扔的餐巾纸。”“你什么意思？你哪只眼睛看见我扔垃圾了？”小明一脸委屈。班长小兰走过去，捡起纸团，对他们说：“你们有这点时间争吵，餐巾纸早就进垃圾桶了。”小红和小明，你看看我，我看看你，谁也没有再说话。

师：你们有没有听出来，她写的这段话中，人物开了几次口？

生2：（齐）三次。

师：开口说话了，人物就活了。还有谁也想来读一读？

生：午餐后，值日组长小红看到小明的脚边有一团餐巾纸，就用手指着小明的鼻子怒吼道（教师打断，请学生再读一遍提示语，点评提示语有动作、表情）：“你，为什么乱扔垃圾？”小明听到这雷鸣般的怒吼声，吃了一惊，生气得脸都扭曲了，他大声反驳（教师穿插点评：从小明的表情来看，真的是挺生气，很不服气，“反驳”一词用得很巧妙）：“这又不是我扔的？你怎么不去批评别人？怎么就一定说是我扔的垃圾呢？"小红见小明还在耍贫嘴，就大声嚷起来(教师穿插点评：刚才背诵的"耍贫嘴"用上了)："你扔了垃圾还不承认！我治不了你，我就扣你的分。"话音刚落，小红就拿起红笔。这时，班长小兰走过来，默默地捡起纸团，扔进垃圾桶里，劝告他们："不要光说不做，只有用实际行动才能证明事实。"教室里顿时一片静默。

师：了不起！在这么短的时间内就写出了这么长、这么精彩的一段话。老师要送你一个大拇指。刚才这位学生刻画出了不同人物说话时的动作、神态，就像电影回放一样，一个个镜头历历在目。很可惜时间不够了，不然老师很想多请几位同学来读一读。好，通过今天这节课的学习，我们知道了有时我们要让文中的人物开口说话，还学习了写人物的语言要写好提示语，提示语可以不用"说"字，更能恰如其分地表达说话人的语气、心情、态度及人物个性。这样，我们写的文字才会有感染力，文中的人物才会活起来。其实写好提示语并不难，我们只要在生活中留心倾听，留心观察，写作文就是写生活。

点评：这个修改的语段选取的场景，贴近学生生活，有利于学生展开合理的想象，将话语聚焦在小红的批评、小明的辩驳及小兰的劝解上，三个话语的训练点设计得合情合理，与"学写对话"的教学目的一致。从学生的实际练习成效来看，基本上达到了既定的教学目的。教学的有效性来自科学的教学预设，而预设的科学性基于学生真实的作文状态，所选取的训练材料应来自学生原生态的作文。作文讲评是在教师分析学生现有作文状况的基础上展开的，是有目的的讲与评。金老师的这一个语段修改活动之所以取得令人满意的成效，道理就在于此。

总评：金洁萍老师是管建刚名师工作室的学员，在作文教学中做出了卓有成效的实践研究，所带班级定期出刊《作文周报》，坚持开展周报讲评活动，这个课例是她作文教学实践的一个缩影。一个优秀的教师，总能在积极践行名师教学思想的过程中有所创新、有所改变。就这堂作文讲评课而言，呈现以下三个值得我们借鉴的亮点。

一是聚焦教学目标。整堂课聚焦在“学写对话”上，对于学生习作中出现的其他问题，暂时放一放，这是比较明智的选择。一次作文讲评围绕一个核心问题，讲得透彻一些，评得到位一些，留给学生的印象就深刻一些。面面俱到，难免蜻蜓点水。金老师从“让人物开口说话”，到“不用‘说’字”，进而“综合改写”，始终围绕“对话”的写法来组织各项实践活动，层层推进。课堂就显得干净、明快，不枝不蔓就能一课一得。

二是坚持以“练”为主。讲评课的讲与评是手段，目的在于促进学生“写”的改进，而改进需要的是实实在在的练习。没有足够的练习就只能是纸上谈兵。金老师的作文讲评课，时时处处都让学生开口说话，练得相对充分。整堂课安排了语句修改、词句积累、语段修改等五次练习。从补充话语，到置换提示语，再到修改整段话，逐层递进，体现了练习的层次性。以练为主实则是教师“学为本位”意识的自觉体现。

三是体现“多就少改”。小学生的作文不同于文学作品的创作，只求“文通句顺”及“明白无误”，要求不宜过高。讲评课在遣词用句上力求“通顺”，凡是学生所写的语句能够表达清楚意思，就可以保留学生原有的话语方式，并非一定要修改。“多就少改”的讲评原则，充分尊重了学生的个性化表达，也在一定程度上保留了学生的话语风格。金洁萍老师在课堂上对学生的话语没有咬文嚼字，采取宽容的态度，保护了学生表达的积极性。

俗话说，金无足赤，人无完人。每堂课总有遗憾，总有值得反思改进之处。这也是教学比赛的意义所在。就作文教学而言，我们常常分为作前指导课和作后讲评课。作前指导重在内容构思及写法指导，作后讲评重在评点优劣及自我修改。就一般的写作经验来看，作后的讲评似乎显得更为关键。因为有了写作的过程体验及具体的作文成品，教师讲评中的指点对于学生而言，就有了具体的指导意义。最有效的指导，就是在写作过程中的及时点拨，或者写后的针对性评析，面批就是一种极好的评讲方式。然在班级授课制下，一对一的面批只能局限在一部分学生，绝大部分学生需要集体教学，即专门的作文讲评课。因此，改进作文讲评课显得极为紧迫。金洁萍老师的课给了我们有益的启示，也给了我们进一步打开思路做深层变革的契机。作文讲评课需要处理好三个关系：

第一，心理能力与表达能力的关系。学生作文中存在的问题，可以归为两类：一类是思想内容问题，比如不具体、不鲜活、不健康等；另一类是表达方法问题，比如语句不通、用词不当、结构混乱等。前者事关学生的心理能力，如观察能力差，内容就不完整、不具体；思维能力差，主题就不鲜明，思想就有偏差。后者事关学生的表达能力，诸如遣词造句、谋篇布局等。教师对学生作文中出现的诸多问题需要进行归类，并做出准确的评判，从心理能力和表达能力这两个不同的角度进行讲评，才能对症下药。混淆病症所在，错位的讲评只能事倍功半，甚至劳而无功。

第二，规范表达与个性表达的关系。在初学写作之时，难免会出现各种各样的语病，特别是三年级起步阶段，错别字特别多，标点也常常用错。作为小学阶段的作文教学，首要的是让学生写起来，写出来，写开来，不要在这些细枝末节上苛求学生。当学生有了写的兴趣之后，再逐步提出遣词造句的规范要求，且以“清通”为核心目标，不宜过高。如此，才能保持学生言语的积极个性。需要警惕的是，小学作文教学要防止文学化的倾向，一味地要求作文写具体、生动、形象，一味地鼓励学生用好词好句，甚至故意用成语、比喻等来美化作文，只能败坏学生的作文口味。要知道，最美的语言一定是发自内心的，与写作的那个人浑然一体的。写出来的文字自己感觉舒适，读来感觉舒服，就是最好的。所以，让孩子写孩子的语言，是作文教学应该恪守的一条准则。

第三，教师讲评与学生自改的关系。作文讲评课力求一课一得，每次侧重一个问题，利于学生理解透彻、练习充分。但是学生作文中的各种问题仍然需要修改，而教师不可能逐一进行点评修改。因此，培养学生自己修改的能力和自觉修改的习惯，尤为关键。叶圣陶先生曾经指导自己的孩子修改作文,方法极其简便:让孩子在屋子里大声朗读自己的作文,听着不顺耳的地方就需要修改,改得听着耳顺了便作罢。如此,每次写好作文,只要大声朗读一两遍,就基本上达到文通句顺了,我们不妨一试。当然,教师帮助孩子听,边听边提出需要修改的地方,自然更好。前提是教师需要有一双敏锐的耳朵,具有极其敏锐的语感,像具有贾志敏老师那样的语言功夫才能成为优秀的"语言医生"。金洁萍老师所需要磨炼的,正是这一门功夫。如果能即兴判断学生作文中语句的优劣好坏,足以让学生佩服不已。而让学生佩服的语文教师,又怎么会上不好作文课呢?

简单地说,要教学生做好作文,教师自己先要成为一个勤奋而有悟性的写作者。善写的人才能善教别人写作。这是作文教学的最大秘密!

第二节 我眼中的他

《我眼中的他》作后讲评课于 2018 年 4 月在全国小学作文名师工作室联盟成立大会暨作文名师工作室团队成果展示观摩活动中荣获特等奖。

【教学目标】

(1)欣赏不同写法的开头和突显特征的外貌描写。

(2)学习选择故事,故事要与文中所说的人物特点匹配。

(3)训练,让学生修改,把故事与人物特点匹配起来。

【教学对象】

五年级学生

【设计意图】

一看《我眼中的他》这个作文题,就知道是写人的文章。写人的文章需要教给学生什么写作的秘诀呢?首先得结合学生的习作情况再来定教学设计思路。

一、开头：方法多样

万事开头难，很多学生写作文迟迟不落笔，原因就在于不知道如何开头。有的老师会告诉学生开头要简洁，不要啰唆。对于开头困难户来说，有了这样的理论远远不够，他缺少的是方法。

从这次习作来看，有的学生开头冗长，写了一大段，介绍了主角太多信息；大部分学生的开头能够做到简明扼要，却又简单了点，例如“要说××，在我眼里，他就是一个……的男孩”。那么除了这样紧扣题目来写开头外，还有没有其他形式呢？有，班上有几位学生的开头可以借鉴、模仿、学习。

在阅读学生的习作时，关注到了学生写的开头，所以不难发现几个好的开头：

我有一个拥有“七彩”性格的同桌。她的性格连老天爷都猜不透。

“七彩”原来是指颜色，用在文中表示性格多样化。句子用上新颖的说法，形象地表示人物的性格特点，这样的开头富有新鲜感，让人眼睛一亮。

她，是一名爱心天使；她，像三月里的一缕春风。她在我眼中就是一个充满爱心的阳光女孩。

借用比喻把人与相似的物写在一起，让读者体会其中包含着的人物的特点。这样含蓄的写法也是一种写好开头的方法。

披着小刘海，挺着小肚皮，晃悠着，他来了。无论何时，他的脸上总是挂着可爱的笑容。他，就是我的同学小文。

选择一个他经常做的神态、动作或是最能代表他的“招牌”长相、动作、神态，作为开头，自然引出文中的那个他。这也是一种写法。

“没关系，我来帮你！”“谢谢！”这些客气的话总是从他嘴里情不自禁地说出来，那个“他”就是——刘博文。

未见其人，先闻其声。紧扣住最能体现人物性格特点的语言，从说的话入手，引出文中的主角。这也可以作为写人作文的开头。

二、外貌:突显特征

写人的作文,学生在描写人物的外貌时,常常会用“炯炯有神”“黑葡萄似的”“水汪汪”等字眼来形容眼睛,用“樱桃小嘴”来写嘴巴,这似乎成了写外貌的标配。不管笔下的人物是不是真的长着大眼睛,是不是真的长着小嘴巴,这些被大家广泛运用进文中的词、句,像数学公式,随便套用在任何人身上。按照这样的写法,那么世界上应该有太多的“多胞胎”了吧?

这样的写法犯了一种“病”,叫“外貌”病。为什么会犯这样的病?在学生眼里,写外貌,一定要写眉毛、眼睛、鼻子、嘴巴的特征,实在找不出特点,不知道写什么,那就只能用“炯炯有神”这些套话来形容。其实,外貌描写应该是抓住人物最鲜明的特点来写,比如脸上的一颗痣,小得像条缝的眼睛,一直露在嘴巴外的两颗大门牙……写最有特点的外貌,不在于写得全,而在于写得精。哪怕你只写人物的一个外貌特点,却能让大家一下子就认出你写的是谁,或是因此而对这个人物印象深刻,那你的外貌描写就算是成功了。

三、故事:对应特点

这次习作中,有的学生开头或结尾点明的人物特点与文章中间写的故事没有匹配起来。比如:开头写了文中的她乐于助人,写着写着,后面讲的故事是她给流浪猫送食物,这个故事是体现她乐于助人吗?还有的学生开头夸他幽默风趣,阅读广泛,成绩优秀,而文中的三个故事却都是在写他幽默,没有和前文一一对应起来。如何让学生明白人物的特点要与文中的故事匹配对应起来?用什么样的形式来教,可以让学生印象深刻,又增加课堂趣味呢?可以用生活中学生熟悉又常见的事物来做类比——锁和钥匙。课堂上,我故意试错,用不匹配的钥匙开锁,学生看到的结果肯定是打不开锁。再换一把与锁眼匹配的钥匙开锁,成功了。通过这个演示,让学生明白所写的人物特点就相当于锁,所写的故事就相当于钥匙,特点与故事要匹配起来。可以写一个故事和一个特点匹配，可以写两个或三个故事与一个特点匹配，也可以写两个、三个故事分别与两个、三个特点匹配。

讲评课，除了设计好教的内容外，还要思考用什么形式、方式来教？选择一种有趣味的形式来教知识与技巧，不仅易于学生理解，也更能让学生印象深刻，牢记于心。这节课的设计亮点就是“请”来了生活中的锁和钥匙，通过现场演示，钥匙与锁匹配，才能打开锁。由此对应人物的故事与所写的特点匹配，才能把人物写好。紧接着的欣赏环节与修改病例环节，都是用锁与钥匙的图片分别对应呈现学生所写的人物特点与故事，在反复出现的强调的过程中，让这个最基本的写作方法深入人心。

【课堂实录】

课前交流：

师：前不久，老师请同学们写了一篇作文，题目是《我眼中的他》，同学们用故事让老师认识了班上的这些“明星”，他们是谁呢？请看大屏幕：心灵手巧的阳光女孩会是谁呢？

生：我猜是吴一飞。

师：为什么？

生：因为她很爱帮助别人，心灵手巧。

师：可咱们班上心灵手巧的女孩很多。老师这里记录的不是这位同学。老师提一个要求，过会儿凡是在大屏幕上出现的名字，都请你大声说出来，好不好？

生：好。

师：我们来看这位阳光女孩是谁？

生：马丽娟。

师：（指马丽娟）你知道他们为什么说你手巧吗？

生：有一次课上，我编了一个手环，同学们都说好看。

师：对，心灵手巧的女孩最有魅力，老师认识你了。

师：第二位，诗词小达人，是谁？

生：芮子涵。

师：看来他是公认的。大家一猜就准。芮子涵，能背一首诗词吗？

（芮子涵背《水调歌头》）

师：这么长的词，还一字不落背下来，你真是一位名副其实的诗词小达人。第三位，富有爱心的绅士，我们一起来看他是谁。

生：朱希振。

师：哪一位？听一位同学说，在他生病时，你（朱希振）背着他，把他送回家。老师猜测你应该是一位人高马大的男孩。实在是意外，原来你这么瘦小。看来你是一个人小力气大、有爱心的男生，真棒！

师：阅读之星会是谁呢？

生：我觉得是陆知鉴。

师：看看猜对了没有？一起读名字。

生：（齐）贺子铭。

师：哪一位同学？你平时喜欢看书吗？

生（贺子铭）：还行。

师：挺谦虚的。同学们说你作文写得很好，老师看了你的作文，的确，无论是语言还是构思，都堪称一绝。阅读之星当之无愧。

师：老师的好助手？猜猜会是谁？

生：陈佳欣。

师：猜对了，看来你经常为班级服务。哪一位？一位天生丽质的女生。同学们除了夸你为班级服务之外，还夸你是尖子生。是不是？

生（陈佳欣）：我觉得还行。

师：很谦虚。愿意为班级服务，成绩又好的同学，就是大家眼中的榜样。

师：最后一位人气大奖，花落谁家呢？一起喊出他的名字。

生：（齐）陆知鉴。

师：写你的同学最多，猜猜他们写你什么？

生（陆知鉴）：不知道。

师：老师提醒下，是班长吗？是学霸吗？请同学们来评价一下？

生：是。

师：有人夸你（班长）成绩好，也有人夸你耐心帮助同学，老师认识了你这位出色的同学。感谢大家用文字向老师介绍了一位位身边的同学，虽然未曾与你们见面，却已经认识了一群可爱的你们。今天，这节课，我们就边欣赏同学们的佳作，边学习怎样写好写人的文章，好吗？

生：好！

师：现在可以开始上课了吗？

生：可以。

师：上课。

（开始上课）

师：俗话说，万事开头难。很多同学写作文时，遇到的困难之一，就是无从下手，不知道如何写开头。我们来看看下面一组句子，看看小作者是怎样写开头的。

出示：

我有一个拥有“七彩”性格的同桌。

师：一起读。

（学生齐读）

师：听说过开朗的性格、沉稳的性格，“七彩”的性格，你们听说过吗？

生：（齐）没有。

师：老师也是第一次听说。后来看完了文章，我明白了“七彩”原来指颜色多，文中是用来说明性格多样化。“七彩”性格这个词语写得有意思吧！写到这里还不够，还有第二句话。

出示：

她的性格连老天爷都猜不透。

(学生齐读)

师:把老天爷都搬出来了,连老天爷都猜不透,看来真的是善变,很善变,非常善变!作者写的第二句话就是对第一句话做了一个补充,再一次强调了同桌性格是七彩的。这样有意思的句子是谁写的呢?

生:(齐)赵家晨。

师:写人的文章就是要表现出人物的特点,这个开头直截了当告诉读者同桌是一个怎样的人,像这样开门见山、简洁明了的开头算是一个好的开头。再齐读句子。

(学生齐读)

师:再来看第二句。

出示:

她,是一名爱心天使;她,像三月里的一缕春风。她在我眼中就是一个充满爱心的阳光女孩。

(学生齐读)

师:称呼她为爱心天使,这是作者对她的一个评价。夸她像三月里的一缕春风。三月的春风有什么特点?

生:温暖。

师:柔柔的,给人温暖的感觉,看来文中的她也常常带给人温暖。展开想象,把人与相似的物写在一起,通过比喻,让读者从比喻句中体会其中包含着的人物的特点。这样含蓄的表达也是写开头的一个方法。这位作者是谁呢?

生:(齐)芮子涵。

师:请女生来读一读。

出示:

披着小刘海,挺着小肚皮,晃悠着,他来了。无论何时,他的脸上总是挂

着可爱的笑容。他，就是我的同学小文。

师：第三句，谁来读？

（指名一学生读句子）

师：这句话的作者是谁？

生：（齐）贺子铭。

师：怎样引出所写的主角？这位作者有办法。看第一句，他写了什么？

生：披着小刘海，挺着小肚皮，晃悠着，他来了。

师：第一句话写了他走路时的样子。我们说人物的活动有很多，看书、思考、写作业。贺子铭却选择了这样一个“走”的场景。老师想问问贺子铭同学，你为什么选择这样一幕来写？

生（贺子铭）：因为他的性格就是这样，很调皮的。

师：句子中哪里显出他调皮了？

生：晃悠着。

师：来，小文同学，能晃悠一个给我们看吗？

（学生表演）

师：有点不自然，有点紧张。贺子铭同学用晃悠来写你的调皮，你赞同吗？

生（小文）：赞同。

师：好！选择人物的一个招牌动作，或是描述他最有代表性的一个眼神、表情作为开头，自然引出文中的那个他。高招！请男生齐读句子。

（男生读）

师：再来看下一句，谁来读？

出示：

“没关系，我来帮你！”“谢谢！”这些客气的话总是从他嘴里情不自禁地说出来，那个“他”就是——刘博文。

（指名一学生朗读）

师：这句话的作者是谁？

生：（齐）黄靖博。

师：这句话和刚才的那句话，有什么异曲同工之妙？

生：是用刘博文说的话来开头的。

师：人物说的话有很多，选择哪句话作为开头，这是有讲究的，你发现了吗？

生：他写的是体现刘博文特点的话语。

师：话语中体现了他的什么特点？

生：乐于助人。

师：语言有选择。从说的话中能看出这是一个怎样的人，这样的语言才是有价值的。表扬黄靖博同学，选对了语言。像这样未见其人，先闻其声，也是一种写法。

师：同学们各显神通，用不同的写法写出了精彩的开头。

（板书：开头，写法多样）

（学生齐读板书）

师：请同学们再自由读读这四句话，这样的开头也许还能带给你启发，让你迁移运用，试着写出一个好的结尾。

（学生自由朗读）

师：写人的文章，同学们常常会写外貌。请大家自由快速读读下面的一组句子，回答句子中哪些词出镜率最高。

生：水汪汪、樱桃小嘴。

生：大眼睛。

生：炯炯有神。

师：不管长着大眼睛还是小眼睛，同学们笔下的人都是“水汪汪”“炯炯有神”的眼睛，不管长着大嘴巴还是小嘴巴，同学们笔下的人大多是“樱桃小嘴”，找不出形容词写鼻子就说小小的、高高的。这样的套路其实犯了一种病。

（板书："外貌"病）

（学生齐读）

师：不要像公式一样，把这些词随便套用在任何人身上，不是非要写眼睛、鼻子、嘴巴的特征，外貌描写不是在于写得多，而是在于写得精。请看——

师：请作者读句子。

出示：

她长着一头乌黑的头发，扎着一把马尾辫，随着走路节奏一甩一甩的，她就是吴逸飞。

（作者读句子）

师：陈佳欣同学描写的句子，有没有写炯炯有神的眼睛？有没有提到小小的鼻子？有没有写到樱桃小嘴？就写一个点——

生：会甩动的马尾辫。

师：聚焦特征，来个特写镜头，把他最与众不同的地方放大了，哪怕就写一个特征，这样的外貌描写也足以让人印象深刻。像陈佳欣同学这样就是会抓人物特征。一起读。

（板书：外貌，突显特征）

（学生齐读板书）

师：我们一起再来回味一下这个句子，一起读。

（学生齐读句子）

出示：

他，浓眉大眼，笑起来很有特征，眼睛细得就像一条缝。肥嘟嘟的小脸蛋，让人禁不住想捏上几下。

——陈韬宇

师：请作者陈韬宇自己读句子。

（学生陈韬宇读）

师：这段外貌描写抓了几个点？

生：两个点。

师：一个是眼睛，一个是脸蛋。大眼睛笑起来就会变得那么小了，肥嘟嘟的小脸蛋，有什么特征？

生：长得十分可爱。

师：文中写到可爱了吗？

生：没有。

师：你是怎么体会到的？

生：让人禁不住想捏上几下。

师：会写吧！没有出现“可爱”这个词语，而是通过句子，让读者从文字中感受到人物的可爱。这就是陈韬宇的高明之处。一起读句子。

（学生齐读句子）

出示：

他那又大又圆的“玻璃珠”下是小小的鼻子，而嘴巴却能塞下一个西瓜。脸上还有几道痕，足以说明他是那么顽皮，顽皮到脸都破相了。

师：谁来读这一句？

（指名一生朗读）

师：这句话的作者是——

生：（齐）丛远翔。

师：哪一位？老师想问你（丛远翔），你觉得这句外貌描写中的哪个地方写得最成功？

生：脸上还有几道痕。

师：英雄所见略同。金老师也觉得你写的这个痕是最出彩的地方。（圈出“痕”）通过你的仔细观察，发现了别人没有看到的，写别人没有想到的，这就是你超越别人的地方。不仅如此，这几道痕还妙在哪里？

生：写出了他的顽皮。

师：用外貌特征牵引出了人物特点，老师也要为你点赞。一起读。

（学生齐读句子）

出示：

他剃了个圆顶头，一双时常眨巴着的小眼睛。人高马大的他，胖胖的，

________________________________。

师：如果让你写人胖，后面会怎么写？

生1：像一只憨态可掬的大熊猫。

生2：走起路来像一个小肉球。

师：这两位学生都想到了用比喻手法来形容人的胖。

生3：他走起路来，肚子上的肉一震一震的。

生4：把体重秤给压坏了。

师：不错，用夸张的表达方式说明人的胖。让我们来看看作者是怎么写的。

（出示作者写的句子）

生：（齐）一屁股赘肉，走起路来，赘肉也跳起了华尔兹。

师：很多同学都要笑了，这样开怀大笑的句子是谁写的呢？

生：（齐）陈宽。

师：很多同学在写别人胖时，只会说肉乎乎的脸蛋，圆滚滚的肚子。陈宽同学走不同寻常的路，从大家都想不到的角度来写人物的胖，而且用了大家想不到的说法来写。赘肉也跳起了华尔兹。这么一写，连赘肉也优雅起来。这样有趣的句子让人过目不忘。再一起来读读。

（学生齐读）

师：刚才欣赏的四句话，都鲜明地突出了人物的特点，这样的句子值得我们记在脑海中。自由选择一句你喜欢的句子背下来。

师：谁来背？

（指名一学生背）

师：虽然背得不是一模一样，但记住了精华，掌声鼓励。还有想背的吗？

（指名一学生背）

师：背并不是最关键的。最重要的是同学们记住这个例子，以后写出比这些更精彩的句子。我们说写人的文章，离不开写事。通过写故事来表现人物的特点。看这幅图还记得这是我们学过的哪篇课文？

（出示课文插图）

生：（齐）《厄运打不垮的信念》。

师：课文讲的是谁？还记得课文写的故事吗？

生：谈迁。

师：讲了谈迁怎样的故事？谁来读一读？（出示课文所讲的故事）

（指名一学生读）

师：通过这个故事，表现了谈迁怎样的品质？

生：不屈不挠，持之以恒。

（出示人物特点：在逆境中不屈不挠）

师：通过描述谈迁前后两次写《国榷》的故事，表现出了他在逆境中不屈不挠的顽强意志。写人的文章，人物有什么特点，写的故事就要体现这一特点。所写的故事要与所表现的特点相匹配。

（出示锁、门锁的图片）

师：看，这是什么？

生：（齐）锁。

（出示钥匙图）

生：（齐）钥匙。

师：（现场演示）老师这边有一把锁，也有钥匙，我要把这把锁打开，奇怪，插进去了却打不开，为什么？

生：钥匙不匹配。

师：你倒是提醒了我！老师带了两把钥匙，我来试试另一把，打开了！

师：一把钥匙并不能开所有的锁，每个锁都有相对应的钥匙，只有跟锁匹配的钥匙才能把这把锁打开。这锁就像是人物的特点，钥匙就像是故事，只有故事与特点匹配了，才能把人物写好（课件出示钥匙与锁；故事与特点相对应的图示）。来看看，下面这几位学生有没有根据锁，找对相应的钥匙呢？

师：谈欣同学写的人物特点是友好善良，谁来读读故事？

生：她把新买的尺子一折为二，其中一段借给我。第二天，我买了新尺子还她，她不要。

师：这个故事是不是表现她友好善良？

生：（齐）是。

师：故事和人物特点配对了。

师：芮子涵同学的这把"锁"是富有爱心的阳光女孩。根据这把锁，她找了一把钥匙是——

生：我的脚受伤了，她来帮我揉伤口，并且关心地询问情况。

师：这个故事表现了人物什么特点？

生：富有爱心。

师：故事和特点匹配了吗？

生：（齐）匹配。

师：关于这个人物的故事肯定有很多很多，不是全部都要写进文中，需要选择。你写的这个他是什么性格特点，就选相对应的故事。不是这一类的故事通通抛开。这是写好故事的秘诀之一。

（板书：故事，与特点匹配）

（学生齐读）

师：（出示图：一把锁配了两把钥匙）有时为了需要，同一个锁需要配几把同样的钥匙。就如你家里的门锁不会只有你爸爸才有钥匙，你妈妈要一个，爷爷奶奶也有钥匙。不管配了几把钥匙，都得是跟锁匹配才能开得了门，对吧？

师：王琳同学在文章的结尾处写“这就是陶奕涵，永攀第一的陶奕涵”，这把锁是什么？

生：勇攀第一。

师：她为这把锁配的钥匙是——

生：第一个故事是她学习成绩优秀。

师：这个故事说明了她永攀第一吗？

生：（齐）是的。

生：第二个故事是她在棋场上过五关斩六将。

师：第二个故事是不是表现她永攀第一？

生：（齐）是的。

师：许润东这把“锁”是“朱希振是一个很有爱心的人。”谁来读第一个故事？

生：我身体不舒服。他又是扶，又是背，把我送回家。

师：这个故事说明他怎么样？

生：很有爱心。

师：第二个故事——

生：我的手划破了。他用手绢帮我擦掉血迹，并仔细包扎好。

师：这个故事说明他怎么样？

生：也说明他很有爱心。这两把钥匙都能开这把锁。

师：这两位同学都是用两个故事来对应人物的特点。再来看贺子铭同学为锁配了几把钥匙？

生：三把。

师：了不起，是全班同学中写故事写得最多的，我们来看能不能开这把锁？结尾是“他是个既能‘动’得翻天覆地，又能‘静’得花开无声的奇小子”。这把锁是怎样的？

生:(齐)能动能静。

师:贺子铭,请你读这三个故事。

生(贺子铭):音乐课上,他卷起音乐书做“枪”射击。

师:这第一个故事说的是——动。

生(贺子铭):语文课上,他静静地思考,胸有成竹地回答问题。

师:这个故事体现的是——静。

生(贺子铭):书法课上,他认真写字,写出行云流水般的作品。

师:这个故事体现的也是——静。

师:三个故事,第一个写他的“动”,第二个、第三个都写他的“静”,这样三个故事表现出他既能动又能静。这把锁配的三把钥匙配对了没有?

生:配对了。

师:写作文时,定位好了人物的特点是什么,下一步就是找准匹配的故事,也可以是先想好了故事,根据故事提炼人物特点。不管是拿锁找钥匙,还是用钥匙去找配对的锁,原则只有一个,就是——(指板书)

生:(齐)故事与特点要匹配。

师:现在考考你的眼力,下面这些是本次作文中同学们写的,看看你会不会“治病”。

(出示例子)

师:怎么修改?金老师提示一下,看看能否找到这三个故事的共性。先来读一读。

生1:他表演大猩猩,把老师和同学都逗笑了。

生2:他在教室里哭,原来是为扫墓排练,同学们哈哈大笑。

生3:读课文时,他把“卡拉玛·拉克希曼”改成了“他妈渴了喝稀饭”,同学们笑成一团。

师:这三个故事有什么共同特点?

生:都写出了彭毅敏的幽默调皮。

师：保留这三个故事，给人物的特点做个小手术，留下什么？

生：彭毅敏是一个幽默调皮的同学。

师：（出示课件）现在匹配了吧？

生：（齐）匹配了。

师：平时写作时，动个小手术，就能挽回一篇习作。

师：再来看这篇习作。人物特点是——陈池语，一个乐于助人，喜爱小动物的人。故事是他看到小朋友抓蝌蚪，上前阻止。给它做个小手术，故事不动，怎么改？

生：把乐于助人去掉。

师："上前阻止抓蝌蚪"和"乐于助人"有没有关系？

生：没有。

师：这样一改对应了吗？

生：对应了。

师：这是一种改法。假如这把"锁"不动，怎么修改？

生：再加一个故事，写他怎么乐于助人。

师：可以。改到这里还缺一步，第一个故事写爱小动物，所以要把喜爱小动物的特点提前。故事和人物特点要一一对应。

师：这节课我们欣赏了不同写法的开头，重点学习了写好人物的外貌要——

生：（齐）突显特征。

师：写好故事要——

生：（齐）匹配特点。

师：课后，同学们根据今天学的内容去修改习作，也可以重新构思写一写。相信，只要你会思考，会选择，你的笔下一定会有一个特别的他。

师：最后，祝贺这些佳句佳作出现在大屏幕上的同学，荣登本次班级小作家榜，也请大家上台留影。祝愿有更多的学生能登上这个荣耀之榜！

第三节　写一个特别的你

《最特别的你》作后讲评课是我参加江苏省教育厅2016年“名师送培”活动，在丹徒区小学语文学科教师培训班上执教的展示课。

【教学目标】

(1)欣赏句子，学习把人物写“活”。

(2)学习外貌描写要抓住特点，关联故事，选择位置。

(3)训练：修改或重新构思，介绍一个人的外貌。

【教学对象】

五年级学生

【设计思路】

这次我布置的是一篇写人的习作，在阅读学生习作后发现了一些共性的问题：我们知道写人的文章离不开写事，但学生写的故事为什么总是干巴巴的？在实际场景中，人物会张口说话，人物会动，会笑，会有各种动作、各种表情，而学生的作文中没有让人物开口说话，人物成了哑巴，没有赋予人物动作表情，人物成了一个木偶……这样笔下的人物肯定是没有生命活力的人。所以这样的文章，会让人觉得人物的形象刻画得不够丰满。在教学中，我挑选了一些好的习作片段，让学生在欣赏的同时，能够发现、学习把人物写“活”的方法。所以这堂课我的第一个教学目标就是引导学生欣赏句子，学习把人物写“活”。

写人的习作，学生大都会写到外貌。但是读完所有学生的作文会发现，学生缺少写作意识，不明白写人物的外貌要抓住最鲜明的特点。这就需要教师点，教师讲，课堂上我要让学生明白写外貌要抓住特点。

还记得四年级下册有一篇课文叫《爱因斯坦和小女孩》，课文中刻画了爱因斯坦不修边幅，邋里邋遢的外貌形象。为什么要刻画这样的外貌？那是为了衬托爱因斯坦潜心科学研究，不拘生活小节。外貌描写是为了更好地突显人物的特点、形象。也是因为有了这样的形象，才会引出下文故事，小女孩教爱因斯坦穿着、整理房间。外貌描写与下文的故事是有关联的。由此我要让学生明白写好外貌的第二个技巧——外貌关联故事。教学时，通过修改与写的训练，让学生运用方法写好外貌。

写人，三年级就开始训练了。苏教版三年级下册习作 2 例文就是写人。例文中第二自然段介绍了外貌特点，第三自然段写了事例。教师们在学生刚接触写作文时，都会用这样的框架教学生怎样写人——先写外貌，再写事例，表现特点。于是乎，在学生的印象中，写人一定是先介绍人物的外貌，这个模式根深蒂固，以致在学生眼里，写人只能这样写。苏教版六年级下册《天游峰的扫路人》一课，给了我们很好的启发。课文中的老人有两次外貌描写。第一次，初识老人，粗粗几笔介绍；第二次，通过与老人的谈话后，对老人的敬佩之情油然而生，此时再细细端详老人，笔下的外貌介绍更细腻、更详细，文字背后表现出来的是一种崇敬之情。可见，写人的文章并不是只能有一次外貌描写。当然，人物的外貌也不是只能放在文章开头的，可以穿插在故事中间，也可以放在故事结尾。教师不去捅破那张纸，不教这些写作知识，学生就不会知道这些写的秘诀。我要教的第三个技巧——外貌描写可以变化位置。

其实，这些问题不只是在这一习作中出现。当然，我们也不可能通过这一节讲评课，就让学生马上有大步的提升。管建刚老师曾说，作文讲评课要小步子走，才能走踏实。所以，我今天的课只是聚焦在写好外貌。写人的文章还要写好故事，这个故事力的训练就更需要点点滴滴的渗透了。如果我们每次习作过后，能够对学生指点一二，那么我相信，学生的习作水平一定会在日积月累中获得进步。

【教学设计】

课前谈话：

师：前不久老师布置同学们写了篇作文，题目是《最特别的你》，让我们来盘点下班上有哪几位“明星人物”呢？请看大屏幕：

智多星：黄书珩。

具有“狮吼功”的人：章诗雨。

阅读达人：马泽轩。

男孩眼中的男神：陈子隆。

颜值最高的人：付艺恒。

师：请你谈谈获奖感言？猜猜为什么同学们都把你看成是特别的？

师：学习勤奋刻苦、心地善良的人，在别人眼中就是一个特别的榜样。

师：感谢大家用文字介绍了一位位身边的同学，老师未曾与你们见面却已经认识了一群特别的你们。今天这节课，就让我们边欣赏同学们的佳作，边学习怎样写好写人的文章，好吗？

【教学过程】

一、欣赏句子

他说：“不用这么客气，这块橡皮你可以放学的时候再还我，因为我怕有些同学没有带学习用品，所以每天我都会多带一份。”自从这次事情之后，我发现杨帆是一个心思细腻、乐于助人的好同学。

——谈文宇

(1)一起读读句子。

(2)哪里最能体现出杨帆心思细腻，乐于助人？

(3)人物说的话可以反映出他的特点。什么样的人就会说什么样的话。有些学生在作文中经常忽略了对人物语言的描写，故事中的人物没有开口说过一句话，变成了哑巴。你看到电影中的主角是从头到尾不说一句话的吗？除非是哑剧或是这个主角就是个哑巴。像谈文宇同学那样，让我们笔下的人物开口说话，借助语言描写，体现人物的特点，把文中的“他”写

“活”了。

（板书：人物有特点）

有的时候，她实在是想不出了，就用双手托着下巴，自言自语地在辩论着，眼睛更死死盯住书本，手写着、画着。

——秦佳乐

(1)自由读句子。文中的“她”有什么特点？

(2)抓住什么描写体现人物的这一特点呢？一起来读读有哪些动词。

(3)用一连串的动作描写，体现人物的特点。

有一天中午，马泽轩把他最爱看的《呼啸山庄》带到食堂，打好饭以后他就一直看书。我们几位同学都让他先吃饭。“人是铁，饭是钢！况且下午还有课呢。”可他似乎没听到似的。

——韩书畅

(1)请作者读读。

(2)韩书畅同学很有新意，写马泽轩爱看书，不是写在教室、图书馆看书的情景，而是选择一个特别的场景，写马泽轩在食堂看书的样子，连吃饭都顾不上，这样就更能体现他是个书迷。

(3)小结：学会思考，不走寻常路，有时选择一个特别的场景更好地突显人物的特点，把人物写活。

一次，数学老师提出了一道运用运算率简便计算的题目，同学们都按照老方法算了起来，这道题虽说能简便计算，可数目比较大，还是要花点时间去计算的。可黄书珩却很快便算了出来。原来，他运用了另一种方法，让所有数字都变小了，算起来就简便多了。

——马泽轩

(1)齐读句子。

(2)这个句子，除了写黄书珩外，还写了谁？

(3)其他人是这样做的，而黄书珩是那样做的，这么一对比，就更好地烘托出了黄书珩的聪明、机智。“红花还需绿叶衬”这句话一点不错，把同学们作为配角来写，就更好地突显了主角黄书珩的特点。

这时，我们的班长——章诗雨坐在座位上突然大喊：“安静！”那声势如同千军扑地，万马奔腾，让我们为之一震。班上突然安静了，似乎连整个校园也回荡着她的喊声。正当我们再次吵起来时，章诗雨又大喊：“安静！”我们再次领教了她的“无敌狮吼功”，个个被吓得心神不定，以后再也不敢随便说话了。

——卞海澄

(1)自由读句子。

(2)一读这段文字，就感受到章诗雨同学的什么特点？（声音大）

(3)除了直接写她的声音大之外，还写了“我们”的哪些表现？（安静，吓得不出声）

(4)写“我们”的表现是为了什么？（从侧面描写表现这狮吼功实在是厉害，表现章诗雨这个同学的特点）

教师小结：写人要写出人物的特点，怎么写出特点呢？我们可以直接刻画主角的动作、语言、神态、表情等体现人物的特点，也可以借助写其他人的表现在对比、侧面描写中更好地突显文中主角人物的特点，把人写“活”。

二、学习写好外貌

(一)抓住特征

写人的文章，同学们常常会写外貌。我们一起来看，请大家自由快速读读下面的一组句子，发现了什么问题。

1. 都长着“水汪汪的大眼睛”。

扎着一束马尾辫，显得精神饱满，圆乎乎的脸蛋上有两颗水汪汪的大眼睛，樱桃般的小嘴能说会道，把一颗不开心的小泡泡“吹”得五彩缤纷，多姿多彩的。

一双水汪汪的大眼睛，像宝石一样，眼睛上面的眉毛，又黑又浓。

他的个子不高也不矮，圆圆的脸上嵌着一对水汪汪的大眼睛，非常有神。

2. 都有着“炯炯有神的眼睛”。

黑葡萄似的小眼睛炯炯有神，一张嘴巴能说会道。

总是面带微笑的他有着一双炯炯有神的小眼睛，眼睛上方长着一对柳叶眉。

她长得圆圆胖胖的，她那小小的眼睛，炯炯有神。

他眼睛虽然不大，但炯炯有神，似乎还闪烁着智慧的光芒。

3. 都有一张“樱桃小嘴”。

嘴巴就是樱桃小嘴，特别可爱。

还有那又高又直的鼻子下的樱桃嘴，像刚吃过冰糖葫芦似的，显得润泽透明。

那又高又挺的鼻子下有一张樱桃小口，好像是刚刚吃了一串冰糖葫芦似的，美着呢！

她有一双杏仁般水灵灵的大眼睛，一张能说会道的樱桃小嘴。而那灵巧的双手仿佛给画纸上的人物赋予了生命。

教师小结：无论年龄，无论男女，好像介绍人的长相，不管长着大眼睛还是小眼睛，同学们笔下的人大都是“水汪汪”“炯炯有神”的眼睛，不管长着大嘴巴还是小嘴巴，同学们笔下的人大多是“樱桃小嘴”。语言克隆了，变成同样的套路，变成固定的模式，就出问题了。（板书：“套话”病）就像一个公式，大家随便都能套在不同的人身上，难道每个人都长得大同小异？其实外貌不在于写得全，我们不用头发、眉毛、眼睛、鼻子、嘴巴每个部位都写，没有特别之处还非要套用个词语来写一写。只要聚焦特征，来个特写镜头把特点写清楚，写具体，哪怕是写一个，这个外貌描写也是让人印象深刻的。

4. 欣赏句子，学习抓特征描写。

最特别的就是他那个鼻子了，塌塌的不说，还时不时有两个“鼻涕虫”从

“山洞”里进进出出。“鼻涕虫”眼看就要流出来了，只听“哧溜”一声，又钻回“山洞”，真是名副其实的“鼻涕大王”！

——钱依佳

(1)指名作者读句子。

(2)有没有发现钱依佳同学写人物的外貌，重点写的是什么？(鼻子)重点不是写鼻子的样子，而是写什么？(鼻涕)

(3)这个鼻涕会发出声音？(“哧溜”一声)会动？(钻回“山洞”)“山洞”指的是什么？(鼻孔)抓住一个声音，一个动作，一个形象的词语“山洞”，写得很有意思吧？不但写得有意思，而且把人物的鲜明特点刻画出来了。

(板书：聚焦特征)

5. 出示：

最好玩的是他的双眼皮。当他困时，双眼皮就会十分明显，当他精神很好时，你几乎看不出他是双眼皮。

——吴子凡

(1)指名作者读句子。

(2)介绍同学外貌，作者吴子凡认为最具特点的就是那个人的双眼皮。的确，这双眼皮不是每天每时每刻都能看到，要在他困时才能看见。吴子凡同学观察得很仔细，紧扣住双眼皮写出了不同时期的变化，这也是人物外貌的一个特征，很特别。

(3)齐读句子。

6. 出示：

她的眼睛是那样好看：黑亮亮的眼珠，像两粒闪闪发光的黑珍珠，又似一对黑玻璃球浸在清水里，转动到眼眶的任何部位都显得灵动俏媚。

——袁嘉璐

(1)齐读句子。

(2)班上四十多位学生只有袁嘉璐同学细致刻画一个人的眼珠，老师现场采访袁嘉璐，为什么唯独抓住黑眼珠来写。

(4)这个人的外貌让你最难忘的是什么，就写什么。这肯定就是人物最鲜明的外貌特征。

7. 出示：

特别的你，那张小嘴巴蕴藏着自己丰富的表情：高兴时，撇撇嘴，扮个鬼脸；生气时，噘起的小嘴能挂住一把小油壶。

——秦佳乐

(1)这一位作者写人物外貌就抓住了嘴巴的特点。出示填空形式，请学生思考。

(2)出示作者的原句。学生齐读。作者重点写了这张嘴。

(3)紧扣住了高兴时和生气时嘴巴的动作，并用夸张的写法补充说明这嘴噘得有多高。这个小嘴巴就这样写得活灵活现。

教师小结：只是写那个双眼皮、那对黑眼珠、那个小嘴巴，却能写得如此真实又栩栩如生，就是因为小作者们写出了人物外貌中最鲜明的特征。着重写好一个，就足以留给读者深刻的印象。现在老师就要考考大家，下面这段外貌介绍了肌肤、脸、眼睛、眉毛、眼珠、耳朵……怎么修改，一下子就能表现出这个人最鲜明的特征。

8. 出示：

高高的个，一身古铜色的肌肤，圆圆的脸，总是面带微笑的他有着一双炯炯有神的小眼睛，眼睛上方长着一对柳叶眉，平常同学们都会叫他“安静的美男子”。平时他的小眼珠会转个不停，全身智慧的他像哆啦A梦一样，让你意想不到。最特别的是他的耳朵与众不同，耳朵两边微尖，好像一位机智的阿凡达。他还会动耳神功。音乐课上，他就会在我们面前不动声色地表演起动耳神功，难怪有的同学又称他为“大耳朵图图”呢！

(1)知道这段话是写谁吗？(陈子隆)

(2)哪句话给了你什么关键的提示信息？(最特别的是他的耳朵与众不

同，耳朵两边微尖，好像一位机智的阿凡达。他还会动耳神功）

(3)如果让你聚焦特征写外貌，你会怎么修改这段话？其余的信息写和不写一个样，只是为了写外貌而写外貌，没有多大价值，那么就删去。只要留下最有特征的描述就可以。

(4)学生交流。课件出示修改后的这段话，学生齐读。

(二)关联故事

1.外貌描写还藏着怎样的奥秘？请同学们读读下面这几位同学的外貌描写。

杨帆身高1.55米左右，身材较胖。乌黑的刺猬头。水汪汪的眼睛时常闪烁着智慧的光芒。他很爱穿衬衫，看上去显得有“文学”气息。

事例1：杨帆做奥数题不仅特别快，而且正确率很高。

事例2：杨帆的朗诵也十分动听。

杨宗元中等个子，有着一个将军肚，但他的眼睛乌黑明亮，一看就知道机灵过人，一肚子的鬼主意。

事例1：我还没回过神来，“小元子”已经朝我迅速地冲过来，想要撞倒我。

事例2：紫藤的枝叶垂落在地上形成了一个秋千，他立刻坐了上去，腿还不停地晃来晃去，一脸的得意。

2.教师指出：外貌描写还藏着第二个写作秘诀——所写的外貌要与下文的内容、下面的故事产生关联。有所选择，经过筛选与故事相关联的外貌描写才是精彩的。（杨帆的外貌特征与下面两个事例不关联，杨宗元的外貌特征与下面的两个事例相关联）

（板书：关联故事）

3.教师出示课文插图，问学生是否还记得四年级学过的课文《爱因斯坦和小女孩》里面有这样两段外貌描写：

老人蓄着一撮(zuǒ)短而硬的小胡子,一双棕褐色的眼睛深陷在眼窝里,长着一头蓬乱的灰白头发。

女孩望着老人,只见他穿的衣服又肥又长,整个人就像裹在一张大被单里,脚下趿(tā)拉着一双卧室里穿的拖鞋。

4. 这两段话,你读出了一个怎样的爱因斯坦?(不修边幅,不注重外表是为了突显他一心钻研看科学研究)

5. 外貌描写能够更好地体现人物的特点、品质。而且能引出下文的故事。现在,你看明白作家是怎样写人物外貌的?(人物外貌和人物特点,发生关联)

6. 出示爱因斯坦的图像。如果写爱因斯坦善于思考,富有智慧,你会选择什么来写?学生交流。(写他深邃的目光,眼睛里满是智慧。写他额头上深深的皱纹,那是思考的痕迹)

7. 小结:外貌描写要和下面所要写的故事、所写的人的特点有关联,否则,外貌描写得再多、再美,也没用。

8. 出示病例,请同学们快速浏览,找找这段话中哪个外貌介绍可以与下面的哪个事例相关联?

她有一头乌黑的长头发,一双炯炯有神水灵灵的大眼睛。肉色的小脸上还有一点点苹果红的肉。俊俏的眉毛上犹如一个弯弯的月牙。樱桃嘴,酒糟鼻,可爱极了!就像一个洋娃娃,因为她的头发上带一点自然卷。我更喜欢她那圆鼓鼓的肚子,摸起来软绵绵的,舒服极了。

事例1:小吃货。

事例2:学习上严格要求自己。

事例3:好心劝架。

事例4:跑步比较慢。

9. 学生交流。指出文中重点写她那圆滚滚的肚子,可以与表现她爱吃的故事相匹配。

10. 出示病例，如果要保留这个事例，那么外貌描写什么呢？

她有一张圆圆的脸蛋，犹如刚喝了春妈妈那甘甜乳汁的苹果，白里透红。一双乌黑发亮的眼睛，闪烁着智慧的光芒。还有那又高又直的鼻子下的樱桃嘴，像刚吃过冰糖葫芦似的，显得润泽透明，是我们班所有同学敬佩的“女神”。

事例：为班级修补破损的图书。

11. 学生交流后明确可以写她的手指。

12. 小结：外貌描写不求多，但求什么？（聚焦特点）

更高明的外貌描写是什么？（和故事相关联）

（三）出场有讲究

1. 同学们写人物外貌一般都会把外貌放在哪里？（开头）

2. 那么是不是外貌描写只能放在文章开头呢？

3. 出示课文《番茄太阳》片段，对于明明的外貌描写就是穿插在课文中。像拍电影一样，镜头逐渐推近时，才特写人的外貌。课文中的“我”与明明熟悉了，经常交谈，所以才会细细观察明明的长相。到这个时候对明明的外貌做介绍，正是恰到好处。

4. 这次作文中徐诗颖同学也注意到了人物外貌的出场位置，逐段出示：

雏菊，象征着愉快幸福、纯洁天真。你就如那株散发着快乐气息的小雏菊，坚强地生长着，不拒风雨、不怕闪电，绽放出迷人笑容，迎接着阳光的照耀。

当狂风呼啸而来，你不怕，只是微微一笑，用那纤柔的身躯，忍受着寒风的刺骨，等待着雨过天晴；当肆虐的风雪突如其来，你不怕，只是微微一笑，用嫩绿的树叶抵挡着，忍受着风雪的无情，期盼着太阳的重归。你是那么的勇敢，那么的坚强。微笑着面对困难，把欢乐传递，让美味的“巧克力”撒满世界。

随手拾起块巧克力，打开那精致的包装，轻轻一咬，一股充满幸福，带着愉快的感觉充满了口腔，在身体里流动，涌起了一股股暖流。仿佛让我看到了你的身影，我似乎永远不会忘记你那可爱的模样，像一个可爱的小精灵，整天蹦蹦跳跳，看，你又来了。扎着一束马尾辫，显得精神饱满，圆乎乎的脸蛋上有着两颗水汪汪的大眼睛，樱桃般的小嘴能说会道，把一颗不开心的小泡泡"吹"得五彩缤纷，多姿多彩的。

5. 教师强调徐诗颖同学是吃到巧克力，有幸福感，才想到了文中的那个"你"。随后写出文中的"你"的外貌。随着人物的出场而做外貌描写，在恰到好处时做外貌介绍，这才能体现你的用心构思与写作水平。

三、训练

根据刚才所讲的写好外貌的秘诀，修改自己的习作，也可以重新选择一个写作对象，构思一个外貌介绍，用笔写下来。

四、总结

这节课我们重点学习了如何写好人物的外貌。课后，同学们根据今天学的内容好好消化一下。我相信，只要你会思考，会选择，你的笔下一定会有一个特别的他。

板书设计

把人物写"活"

外貌：聚焦特征　　　　　　"套话"病

关联故事

选择位置

第四节　善于表现“故事感”

《＿＿＿＿＿＿＿＿的感觉真好》作后讲评课是2015年4月在河南濮阳市濮阳县执教的展示课。

【教学目标】

(1)欣赏对称感、画面感的句子。

(2)学习如何把故事写具体:写出情节的曲折感和人物的心理活动。

(3)训练构思曲折的情节,根据情境训练写出纠结的心理,增强故事力。

【教学对象】

五年级学生

【设计意图】

这次布置的作文题目是《＿＿＿＿＿＿＿＿的感觉真好》,收到36篇学生的作文。从学生习作中的闪光点和普遍存在的问题考虑,我最终明确,从两个角度来设计这堂作文讲评课。

首先,我从语言描写的角度来引领学生学习巧妙的表达。

有四位学生的习作中出现了对称的句子。“这边接住了那边就滴,那边接住了这边又滴。”“想出了做什么饭,炒什么菜。”“听着小河流奏起的音乐,闻着油菜花散发的香味。”“姐姐学车可真行,妹妹学车可真差!姐姐骑车满院跑!妹妹笨蛋学不了。”我就把这四句话拎出来,作为一组句子。引导学生在读中感受对称写法具有字数相等、结构相同的特点后,做了一个训练,尝试修改句子,让它变得对称起来。“我一边唱着歌曲,一边拖着地,劳动也有乐趣啊!”这第一句话的训练是请学生根据对称写法的特点,加一个字或减一个字使得前后语句对称。前面是“唱着歌曲”,那后面就要“拖着地板”,前面是“唱着歌”,那后面可以“拖着地”,要一一对应起来。第二句需要修改的句子是:“看到爸爸提起粗大的手,我赶紧捂住头,闭上了眼睛,迎接暴风骤雨的降临。”主要是让学生明白,为了对应的字数,我们可以让同一种说法用不同的字数来表示。比如说“头”可以根据需要说成“脑袋”。通过两个句式的训练,让学生有这样的对称意识,今后在习作中也可以尝试运用。

语言欣赏的第二点是让学生学习画面感的描写。通过作者的原句与我改的句子一对比,学生就能真切感受到小作者周苗苗的描写更能体现当时的紧张、害怕。当然,还要进一步讲透、分析,让学生明白怎样描写出有画面感的语句。在教学时,对于周苗苗、赵璨同学的句子进行讲解,引导学生感悟描写不是仅用两三个字就能简单概括的,而是要用一串文字展开具体描写,要抓住人物动作、神态、表情全方位描述。有了充分展开的描述,读者才能在脑海中想象成一幅幅画面,有身临其境之感。

其实,学生在与同伴交往中,语言还是很丰富的,有的会创作出搞笑语言,有的会说出令人意想不到的新颖的表达,有的学生嘴里说出来的都是新时代的时髦用语,比如“给力”“高大上”“高富帅”等。但是在写作文时,这样富有特色的语言却消失了。很多时候,他们表达得中规中矩,就像一杯白开水,品着就是缺少了那么点味道。本来我也想找找同学们习作中有没有这三类的句子,让同学们欣赏下,借此让他们明白写作就是写生活,生活中怎么说、怎么做,你就怎么写下来,这样的语言才有童趣,才会让人会心一笑,才会让人过目不忘。但是,收到的36篇作文中没有找到这样的句子,我们的讲评内容必须从学生习作中来,能够找出有共性的句子以一组句式呈现,便于教师归纳特点,便于学生理解掌握,所以我也就只抓了对称写法和画面感这两个语言点。

其次,我是从文章的三个结构(即开头、经过、结尾)思考,学习好的写法。

写文章的经过相对于写开头、结尾是最容易出现问题的。学生最容易忽视的就是把事情的经过写具体。比如写自己学会骑车了,学生对学习骑车的经过只有几行字的描述："一开始，我骑上去总是摔跤，后来，我一天又一天地练习，终于学会骑自行车了。"一开始你是怎么骑自行车的，又是怎样练习的？这一天又一天的练习过程是很顺利，还是有所失败的？是什么让你坚持练习下去？……可以写的内容还有很多很多。虽然教师在指导写作时经常会提到，也要求学生把经过写具体，学生也都知道这个道理，但是到底怎么才能把经过写具体呢？我们要教给学生具体的方法和技巧。

这节课我就教写出故事情节的曲折感和人物的内心活动，由此着力体现故事力。首先欣赏学生习作，请学生读，我概括故事过程，随后把过程的关键步骤用线段串联，画曲线图来展示，这样学生更容易理解，也能留下深刻印象。随后借助课文例子，用权威来说话，增加说服力。最后请学生思考修改自己的作文，构思情节的曲折感。记得管建刚老师说过，作后讲评就是要小步子走，讲透、讲实，所以我把一个环节分解成许多个教学小步骤。同样在训练心理描写时，第一，欣赏学生句子；第二，认识心理描写的多种角度；第三，综合读这三句话，感受心理描写的不同内容；第四，设计话题引起学生回忆；第五，谈话启发；第六，学生写话；第七，组织学生交流。通过这样的训练，让学生在今后的写作中关注自己的内心，把无声的世界用文字展现出来。很多时候，学生往往只是写出内心的一个念头、一个想法、一种情绪等，写的是结果，其实人的内心活动是极其丰富的，一个念头、一个想法，也许就在你头脑中一闪而过，但是用文字描述却可以写200字到300字。学会把内心活动细腻地描述下来，学生还怕文章写不长吗？

把故事的经过写具体还有很多技巧，比如用准确的动词写出连续性动作等。我们可以教给学生准确描写出动作的三个方法：第一，要仔细观察，看清楚每一个动作。第二，要回想，像放电影一样把一幕一幕的动作在头脑里回放一遍，这样就能回忆起当时的场景，边回忆边分解出若干个小动作。第三，可以模拟表演，模拟表演也可以分解动作，表演到哪可以随时停止，写下来后再接着继续模拟表演，停止后继续动笔写。这样模拟做一做，写一写，再做一做，再写一写，一连串动作被一个个分解开来，描写当然就具体、连贯了。教了方法还可以当场训练，实践运用。老师现场表演做出动作，然后引导学生分解小动作，再请学生对每个动作写一句话，最后把句子串联起来，成为一段话。这样一步步循序渐进，穿插方法指导，也可以让学生明白如何把人物的动作写准确，写具体，写连贯。

作文讲评课一般分为欣赏、纠错（指出病例），还有训练这三个环节。实际上在平时的课堂上，我们只要完成任意两个环节内容就可以了。这样学生学得比较轻松，也学得更扎实。这节课，我也是像上家常课一样，只是呈现了欣赏、训练两个环节的内容，力求做到老师讲透，学生练好。

【教学设计】

一、导入

1. 谈话导入：老师要感谢同学们写下了一个个鲜活的故事，让我看到了同学们真实、快乐的生活。同学们，我们都知道在如今这个时代，包装很重要，普通的一样东西经过精美的包装，就会变得更加起眼，夺人眼球。同意我的说法吗？那你们知道我们写的文章是用什么来包装的？对，靠好的语言来包装。要感谢下面这些同学，让我品味到了好的语言，享受到了文字的盛宴。

二、欣赏

（一）节奏感

1. 出示：

于是，我马上拿了一个盆子去接水。这边接住了那边就滴，那边接住了这边又滴。

——黄思宇

（1）学生齐读。

（2）老师很欣赏黄思宇同学写的这句话。画出红线（对称句）。这两个分句，字数相等，都是9个字，句子的结构又是一样的。像这样，结构相同，字数相等的句子，就是对称句。这样的句子读上去朗朗上口，很有节奏感。

（板书：节奏感）

（3）我们再一起来读读画线的句子，感受这样的节奏感。

2.出示两句话：

我又花了一分钟的时间，想出了做什么饭，炒什么菜。

——刘绍彤

在我们的周围是一条小河，旁边长满了油菜花。我们就听着小河流奏起的音乐，闻着油菜花散发的香味。

——文一晗

（1）齐读句子。

（2）哪句话是对称的，你能找出来吗？

（3）学生齐读对称描写的内容：听着小河流奏起的音乐，闻着油菜花散发的香味。

3.出示：

那是姐姐见我总是摔跤编出来的："姐姐学车可真行，妹妹学车可真差！姐姐骑车满院跑！妹妹笨蛋学不了。"

——宋慧婉

（1）请作者读句子。

（2）有谁发现了对称句子？

4.小结：瞧，跟刚才三句话不同的是，宋慧婉同学一连用了四个对称的句子，我们读起来就像是在念一个顺口溜，很有意思吧？

5.欣赏完了有节奏感的句子，现在就来考考大家，看你能不能加一个字或减一个字，使句子变得对称。

（1）出示：

我一边唱着歌曲，一边拖着地，劳动也有乐趣啊！

方法 1:“拖着地”不变,前面怎么改?(唱着歌)

方法 2:“唱着歌曲”不变,后面怎么改?(拖着地板)

(2)出示句子,学生自由读句子,怎么修改变得对称呢?

看到爸爸提起粗大的手,我赶紧捂住头,闭上了眼睛,迎接暴风骤雨的降临。

方法 1:“捂住头”不变,怎么修改?(“闭上眼睛”改为“闭上眼”)

方法 2:保留“捂住了头”,后面怎么修改?(“闭上了眼睛”改为“闭上了眼”)

方法 3:保留“闭上了眼睛”,前面怎么修改?(“捂住头”改为“捂住脑袋”)

6. 小结:中国的汉字很有意思,有时一个意思可以有不同种说法。比如,钱用两个字可以说成“钞票”,用三个字可以说成“人民币”。七天用两个字可以说是“一周”,用四个字说是“一个星期”。到底用哪种说法,就看对称的需要了。很多时候,我们在写作时,加个字、减个字,或换一种说法,就能使前后的语言变得对称,富有节奏感。

(二)画面感

1. 出示:

想到这里,我警惕地看看四周,没有一个人影,我更害怕了,手里出一把冷汗。他缓缓朝我走来,我特别紧张,紧张到都不敢呼吸了。

——周苗苗

(1)请两组学生读句子。

(2)出示句子对比,请另外两组学生读。

想到这里,我警惕地看看四周,没有一个人影,我更害怕了。他缓缓朝我走来,我特别紧张。

(3)你更喜欢哪一句?为什么?哪里写得具体?(很多同学写的句子往往就像是第二句,提到“害怕”“紧张”就“紧急刹车”,没有下文了。周苗苗同学写得好，就在于她比别人还“多走一步”，害怕，害怕到什么程度？手里出一把冷汗。紧张，紧张到什么程度？紧张到都不敢呼吸了。看，多写一句话，对“害怕”“紧张”做了补充描写，这紧张的气氛渲染得就更强烈了）

（4）我们再一起感受下。

（5）小结：像这样的文字让人身临其境，具有画面感。

（板书：画面感）

2. 出示：

大家屏住呼吸，睁大眼睛，像猫头鹰似的盯着老鼠出没的阴沟。时间一分钟一分钟地过去了，不知道过了多久，我们也没看到老鼠的影子。就在我们有些泄气的时候，一只小老鼠贼头贼脑地出现了，它左顾右盼。一双小黑豆眼滴溜儿地转动着，没有发现我们，于是敏捷地窜出来。

——赵璨

（1）具有画面感的还有赵璨同学的这句话。

（2）请作者读句子。

（3）听了他写的句子，你感受到了捕鼠的紧张了吗？文中没有出现“紧张”两个字，你是从哪里感受到大家的紧张的？（“大家屏住呼吸，睁大眼睛”画线，动作描写）（“像猫头鹰似的盯着老鼠触摸的阴沟”画线）把我们比作猫头鹰，看来眼睛够凶。这里展开想象，用了比喻。不是用两个简洁的字“紧张”就直白地告诉读者，而是用一串文字通过描写人物当时的表情、动作，还能运用比喻等修辞手法，让读者有真切的感受，这就是赵璨同学的高明之处。

（4）画面中不仅有人，还有什么？（老鼠）小老鼠是什么样子？（画线出示句子，齐读）作者是怎样把小老鼠的形象写得这么传神的呢？（抓样子、动作、神态）我们虽然不在现场，但是看着这些文字，在我们脑海中就闪现出当时的一幕幕情景。

(5)我们再来读读这段话,回到当时的那个现场。

3.总结:请大家记住,写得越细腻,文字越丰富,越能让读者在脑海中浮现出一幅幅画面。

二、学习把故事写具体

(一)写出情节的“曲折感”

1.过渡:这次,我们写的是写事的文章,写事一定要把故事的经过写具体。(板书:具体的经过)那么怎样写具体呢,有秘诀的。

2.出示段落,请作者读。

我拿起沙发上的苍蝇拍,朝苍蝇趴的那个地方拍去,结果拍了个空,这只苍蝇好狡猾呀!后来这只苍蝇趴在了我的脸上。我放下苍蝇拍,用手去拍,在拍到我脸上的一瞬间,可恶的苍蝇又飞走了。我的手掌拍在了我的脸上,我的脸上立刻出现了一个红色的手掌印,好痛、好痛。

后来,这只苍蝇趴在墙上,我用力一拍,这只苍蝇最终被我拍死。

——侯舒淇

3.用几个字来概括侯舒淇同学拍苍蝇的整个经过,配上图。

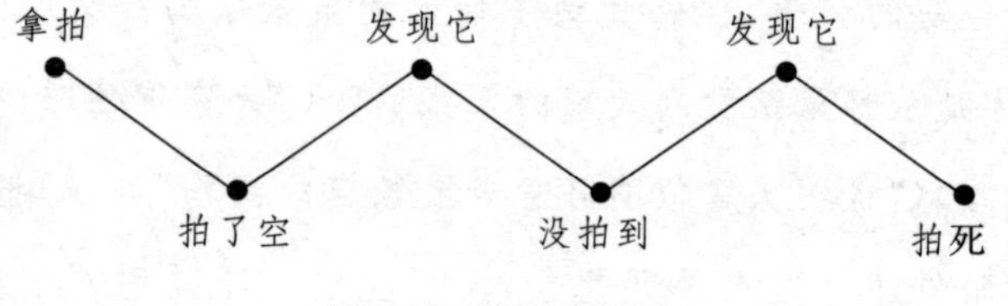

图 5-1　拍蝇曲折图

4.小结:这图一画,我们就能很清楚地看到这个故事充满了曲折感。故事情节富有曲折感,这是吸引读者的一大法宝,而且也是把故事写具体的一大秘诀。在动笔写作前先构思好曲折的故事情节,写出来的文章一定会精彩。

(板书:情节曲折)

5.借用课文例子。还记得学过的课文《中彩那天》吗?出示提炼之后的曲折故事情节:

我得知父亲中彩，奖励是一辆崭新的奔驰牌轿车，我非常高兴。

我不明白父亲为什么中了彩还不高兴。

原来父亲面临着一个道德难题。

最终父亲打电话给库伯，库伯派人开走汽车。

那天吃晚饭时，父亲显得特别高兴。

6. 小结：课文就是以曲折的、令人意想不到的故事情节，引人深思，获得启示。

7. 修改习作：请大家看自己的作文，有这样的曲折感吗？现在，请你再重新修改，你准备构思怎样曲折的情节呢？可以用简单的字概括下，列出提纲。

8. 学生交流。

9. 点明：这样一改，情节跌宕起伏，一定会更吸引人。情节有很多波折，增加了故事的趣味感。

（二）写出内心活动

1. 出示句子：

在路上我就开始想我的新衣服会是什么样：我希望衣服是一条裙子，有许多花纹，也有漂亮的花边，有腰带，背上有个可爱的小熊的图案。

——刘亚莹

（1）齐读句子。

（2）出示画线的后面部分。画线句子写的是什么？

（3）很多时候，我们总能把看到的动作、听到的话语描写下来，却总是忽略一个无声的世界——那就是我们自己的内心活动。刘亚莹同学很棒，能关注自己的心理活动，写出自己的想象。

（板书：心理活动，想象）

2. 出示句子：

这时，我心中产出一个大胆的想法："今天出来的时候，我还带出了两元

钱咧！他那么可怜,我要不要把钱给他呢?”

——周苗苗

(1)齐读句子。

(2)给内心活动的句子画线。这是什么描写？与刘亚莹不同的是,这句心理描写不是写她内心的想象,而是她的回想,回想到早上还带出了两元钱。

(板书:回想)

3.出示句子:

天哪！这本书竟然有一本《新华字典》那么厚！在那一瞬间,我的心里好像有两只小精灵在争吵！黑精灵说:“看什么破书啊！还不如多打会游戏呢!”可白精灵说:“行万里路,读万卷书。不看些书的话,就会变成一个大老粗呢!”

——赵志童

(1)自由读句子。

(2)描写内心活动的是哪些句子？这里的心理活动不是想象,也不是回忆。“我”到底是看书呢,还是打游戏呢？写出了“我”当时内心的矛盾、纠结。

(板书:纠结)

(3)教师指出赵志童是借黑精灵和白精灵说的话写出了内心两个不同想法及理由,其实,更巧妙的写法就是不出现一个精灵说,另一个精灵说,也能描述出内心的左右为难,很难做出选择。

4.小结:刚才这三句是通过想象、回想、纠结这三种不同角度写自己当时的心理活动。其实,心理描写还有猜测、推理、联想等。以后有机会再学,如果我们能在叙事中写出自己当时的内心感受、内心想法,那么你就不愁文章写不具体了。

三、训练

1. 选择一个话题展开心理描写。现在请同学们回想一下，你是否有过考试考砸的经历？回到家，你是否在犹豫这个分数要不要告诉老妈呢？你内心有着怎样的思想斗争呢？请你回想当时的经历，写出内心的纠结。

拿着这张试卷，我内心真是忐忑不安，不知如何是好。＿＿＿＿＿＿＿＿

＿＿＿＿＿＿＿＿＿＿＿＿＿＿＿＿＿＿＿＿＿＿＿＿＿＿＿＿＿＿

＿＿＿＿＿＿＿＿＿＿＿＿＿＿＿＿＿＿＿＿＿＿＿＿＿＿＿＿＿＿

最终我还是决定＿＿＿＿＿＿＿＿＿＿＿＿＿＿＿＿＿＿＿＿＿＿＿。

当然你也肯定有考试考得好的时候，心里一定很兴奋，内心也会有许多想法吧。请你写出当时的心理活动。（比如自己心里盘算着怎么和老妈谈奖励的条件）

终于考到高分了，我一路乐着回到了家。＿＿＿＿＿＿＿＿＿＿＿

＿＿＿＿＿＿＿＿＿＿＿＿＿＿＿＿＿＿＿＿＿＿＿＿＿＿＿＿＿＿

＿＿＿＿＿＿＿＿＿＿＿＿＿＿＿＿＿＿＿＿＿＿＿＿＿＿＿＿＿＿

2. 学生写话，之后交流。

四、总结

今天这节课，我们欣赏了具有节奏感、画面感的语言。把经过写具体有很多方法，今天我们学的是写出情节的曲折感和人物的心理活动。希望今天的这堂作文讲评课能对同学们今后的写作有所帮助。

板书设计

＿＿＿＿的感觉真好

节奏感

画面感

具体的经过
- 情节曲折
- 心理活动
  - 想象
  - 回想
  - 纠结

第五节 学会诊治“语言病”

《记一件亲身经历的事》作后讲评课是 2012 年 12 月在苏州市教育科学研究院组织的苏州市教学展示活动中执教的公开课。

【教学目标】

(1)欣赏语气词、四字词连用、对称的句子。

(2)挑刺——指出“心想”病。

(3)训练:学会用不同表示“说”的词写提示语。

【教学对象】

三年级学生

【设计意图】

这节课的上课对象是三年级的学生,对于三年级的学生而言,教构思,教文章结构,有点偏难。所以,这节讲评课的设计初衷是引导学生欣赏语言,感受语言的神奇魅力。

一、感受言语表达的魔力

阅读学生作文时,发现很多学生在文中都用到了语气词,所以我挑选出了学生写的句子,让学生在课堂上读这类句子,感受语气词的作用,体会句子中运用了语气词后表现出的亲切感。语气词可以放在句子的开头,可以放在句子的中间,也可以放在句子的结尾。放在句子的中间,使得前后语意更加连贯,衔接更加自然。这些都要让学生在读的过程中,自悟自得,才能对语气词有更深的认识。最后通过诵读,把不同字数的语气词都记在脑海中。

写作时,学生偶尔也会在句子中连用四字词,用到对称的写法,这样的表达可能是无意识的。作为言语表达的技巧,让学生在读中感受四字词连用带来的节奏感，了解结构相同、字数相等的对称写法，今后学生在写作中才能有意识地运用，让语言更有特色。

二、认识一种"病"，它叫"心想"病

课文教材中，随手翻阅都可以看到文中在写心理活动时，会出现"心想""我想"这样的词，后面加上冒号，然后往下写心里想的内容。所以，学生在写心理活动时，也会用上这样的形式。可是，我们在描写人物的动作、语言时，不会先写上动作、语言，然后再切入正题往下写。那为什么写心理时，要先写"心想"呢？其实，这样的表达叫"心想"病。用"病"的形式来表述，并取上一个好记的名字，便于学生在恍然大悟后铭记在心。

三、用不同的字表示"说"

三年级的学生在写说话句时，稍不注意就会在对话中全部用"×××说"的形式，为了避免形式的单一，应该用不同表示"说"的字词来代替"说"。课堂上，出示学生习作中用"叮嘱""欢呼"来做提示语的说话句，让学生读一读，悟一悟，体会到结合不同的语境，用不同的词表示"说"，这才叫会写。随后出示表示"说"的一字词、二字词、多字词，让学生背诵，比一比，看谁记得又快又多。有了这样的积累，学生才能在今后写的实践中，尝试运用。

四、训练中学习运用

在欣赏环节、挑刺环节，都可以穿插训练，让学生在学习完后，当场巩固、当场运用，在实践中，运用言语表达的技巧，掌握写作的方法与秘诀，最终由知识转化成能力。训练，让学生发现问题，思考问题，最终解决问题，这就是一个提升的过程。课堂上，老师教什么知识，学生就练什么，环环相扣，如此才能教得充分，学得透彻，让学生的学习更有效。

【教学设计】

课前交流：

1. 教师问学生：衣服是用什么做的？桌子是用什么做的？改用红木呢？

如果这个桌子是用整块黄金做的，好吗？

2.小结：看来用什么材料，很重要。材料越好，这东西越值钱。

3.谈话：你知道作文是用什么做的？（语言）

教师强调用好的语言，作文才“值钱”。

今天，老师就和大家一起来欣赏、学习，什么样的语言是好语言。

一、欣赏

（一）语气词

1.出示两句话：

唉，真倒霉，这雨怎么早不下，晚不下，偏偏这个时候下？

——郭栋豪

咦，怎么回事？我的速度慢了下来，很快就停了。

——徐睿廷

2.学生齐读句子。教师指出这两句话里的“唉”“咦”。

3.学生齐读这两个字。

4.教师指出，这样的词叫语气词。（板书：语气词）我们写作文运用语气词，可以使得句子更加通畅、连贯。读的人也有亲切感。

5.出示句子，找找语气词：

我头猛地往下看，哇！下面全部是水。

——朱星刘倚

我揭开锅一看，呀！一锅热气腾腾的青菜炒饭出锅了。

——杨艺羽

6.小结：语气词放在句子中间，前后句衔接更加自然了。

7.你还知道有哪些语气词？（学生交流）

8.看看，老师带给大家的语气词。出示：哇、哎哟、妈呀、耶、咦、哦、哼、哎呀……

（二）四字词连用

1. 出示：

突然，妈妈进来了，我手忙脚乱，不知所措。

——张思成

2. 学生齐读。

3. 教师画线强调四字词“手忙脚乱”“不知所措”。学生齐读。

（板书：四字词连用）

4. 学生再齐读画线的四字词。

5. 我们课文中好的语言也是这样的。出示课文插图，请学生猜是哪一课课文。出示句子，学生齐读。

后羿登上昆仑山，运足气力，拉满神弓，“嗖——嗖——嗖”一口气射下了九个太阳。

有一尊卧佛长达 16 米，他侧身卧着，眼睛微闭，神态安详。

迎客松姿态优美，枝干遒劲，虽然饱经风霜，却仍然郁郁苍苍，充满生机。

6. 这次不仅张思成同学，还有许多同学运用到了这样的写法。

7. 出示句子，学生齐读，找出连用的四字词。

当时天寒地冻，大雪风飞。

——陈子琪

一眨眼工夫便腾空而起，直插蓝天，向云层深处奔去……

——薛骏扬

我到小公园里去玩，玩了一会儿觉得浑身冒汗，口干舌燥。

——周璐瑶

8. 对比。“我到小公园里去玩，玩了一会儿觉得浑身冒汗。”这句话与原句比较，去掉一个词语，请学生读读，说说感觉怎样。（别扭，好像缺了点什么）

教师指出，缺的就是节奏感。四字词连用，让语言更有节奏感。

学生再读原句。

(三)对称句

1.出示句子:

顿时,我失去了平衡,手一松,脚一软,就从自行车上摔了下来。

——杨立行

2.学生齐读。

3.出示画线的词语"手一松""脚一软",学生齐读。

4.教师指出,这是对称。(板书:对称)

5.学生再读画线的对称的词语。

6.教师再出示句子,学生齐读。

和你讲过多少遍了,先写作业,等写完了再看书,你怎么每一次都是左耳朵进,右耳朵出呢?

——张思成

我一把抢过体温计,东瞧瞧,西看看,仰着头问妈妈:"这是干什么用的?"

——刘敏

7.让学生找出对称的词语。

8.教师出示对称内容,学生齐读。

9.训练。教师出示需要修改的句子。我们来看这些句子,怎样才能变得对称呢?(加字、去字都用到)

我又喜又忧,喜的是苍蝇被歼灭了,忧的是我的桌子被弄脏了。

"嘻唰唰,嘻唰唰……"一边哼着小曲,一边擦地板,很惬意吧!

我吓得一激灵,条件反射似的捂住头,闭上了眼睛,准备暴风骤雨的降临。

第三句可以用不同种方法改:

我吓得一激灵,条件反射似的捂住头,(　　),准备暴风骤雨的降临。

我吓得一激灵,条件反射似的捂住了头,(　　),准备暴风骤雨的降临。

我吓得一激灵,条件反射似的(　　),闭上了眼睛,准备暴风骤雨的降临。

学生交流，齐读修改好的句子。

10. 总结："头"在这里改用了"脑袋"。生活中有很多词语都可以有不同的说法，比如一个星期，用两个词表示称"一周"，钱用两个字表示可以称"钞票"，用三个字称"人民币"。同一个意思有时我们用两个字、三个字等不同方法来表达，就是考虑到对称。

二、挑毛病——"心想"病

1. 出示没有"心想"病的句子：

来到自己家门口，我们却傻眼了，门卡呢？我们的门卡呢？我们自个的门卡呢？

——陈宇鸿

这时，我浮出一个念头：我能不能漂移呢？试一试吧！

——耿肖鸿

学生分组读两句话。

2. 这两个句子都这是心理描写，哪些内容是他的心理想法？

3. 画线出示心理内容，学生齐读。

4. 老师很喜欢这样的句子，关注了人物的心理描写，而且没有用"心想"，但是读的人一看就明白这是他心里所想的。

5. 我们写事情，要把人物当时的内心活动真实地记录下来。也有学生是这样写的，老师觉得不够好。出示句子：

我突然想起了家里的绿豆芽，心想：这么热的天，小绿豆芽不会渴死了吧？

6. 学生齐读句子。

7. 教师把"心想"去掉，再请学生读。句子通顺吗？

8. 教师强调去掉之后，句子更加简洁。我们称这样的句子犯了一个病，叫"心想"病。（板书："心想"病）

9.写心理活动时,不用在前面加个“心想”“我心想”,不然就得了病。

10.请大家看这些句子,怎么修改。

(1)出示:

“我后悔极了,心想:如果当时承认错误,就不会这样了,可我还想隐瞒,不想让妈妈知道我抄书,便把书藏了起来。”

(2)教师指名修改。

(3)男生读修改后的句子。

(4)出示:

“我不相信,我心想:风油精真的能洗去钢笔水吗?”

(5)教师指名修改。

(6)女生读修改后的句子。

11.再练习修改,教方法。

(1)出示:

说了一半,我还是因紧张而忘了台词,心想:观众也不知道台词内容,直接报节目就行了。

(2)学生修改。

(3)去掉之后,句子不通顺了,怎么办?老师有个简单的办法,加个语气词,句子就连贯了。(加“哎呀”)

(4)学生齐读修改后的句子。

12.交流怎么修改,句子就能变通顺。

我兴奋地举起手,心里想着:诵读比赛一定很有趣,还能为班级争光呢!(去掉“心里想着”,加“哇”)

“我把小鸡赶到了角落里,我心中暗想:看你还往哪里跑?”(去掉“我心中暗想”,加“哈哈”或“哼”)

我悄悄地从抽屉里找出温度计,拿在手里,心想:也许嘴里的热气会使水银柱升高呢!(去掉“心想”,改用“对了”)

13.小结：在修改句子时要看具体情况，怎么通顺怎么改。

三、训练写好说话句

1.写好一个故事，除了要写好人物心理外，还要注意写好人物的语言。

2.出示冯振杰的一段对话。请作者读。

3.冯振杰同学写的这段对话，不仅注意了语言描写，让人物开口说话，而且用了不同的词表示“说”。

4.找问题：也有学生写的文章没有让文中的人物开口说话。出示：

我不好意思地向他道了个歉，本以为事情就这样解决了，可我同桌却像一头发怒的小狮子，用铅笔在我的本子上乱画。我忍不住，“哇”的一声哭了出来。周围的同学都围了上来，待弄清了事情的原委，便告诉了老师。老师走了过来，安慰了一下我，然后简单地处理了一下，便走开了。

5.学生交流，哪些地方人物应该开口说话。

6.小结：我们写文章，一定要让文中的人物开口说话，不要表演哑剧。（板书：让人物开口说话）

7.很多学生都能注意到让人物开口说话，而且用恰当的词表示“说”。

（1）出示：

她把书扔在桌上，指着《寓言》书问：“这你怎么解释？”

——胡文清

我欢呼着：“妈妈，你看我可以把汽车拉起来了！我真是大力士了！”

——钱君韬

（2）学生齐读。哪个词表示“说”？圈出词语，齐读。

（3）出示：

第二天，我去上学，妈妈在我临走前反复叮嘱我：“一定要认真审题，仔细做题，做完之后还要检查！”

——邓硕

（4）学生齐读。这里的提示语，哪个表示“说”？圈出词语，齐读。

8. 请你说说还有哪些词语表示“说”。

9. 出示准备好的词语：喊、叫、呼、吟、读、问、答、训斥、责备、赞扬、吼叫、劝告、议论、辩论、叮咛、祝福、讲述、闲聊、抱怨、报喜、诉苦、吹牛、念叨、唠叨、解说、讲解、商量、狡辩、嘲笑、讽刺、挖苦、打圆场、窃窃私语、胡言乱语、议论纷纷。

10. 学生齐读词语。

11. 现在考考大家，听好我说的话，用哪个词表示“说”比较恰当：

(1)我一口气能吃二十个肉包子。用哪个词？(吹牛)

(2)这天怎么老是下雨，都连续下了四天了，衣服都晒不干啊。用哪个词？(抱怨)

(3)你真的应该多锻炼身体了，不然身上的肥肉越长越多了。用哪个词？(劝告)

12. 像这样的词语是值得我们记在脑海里的。比一比，看谁记得又快又多？

学生自由背诵，指名背诵。

13. 这样的词不光要记住，还要会用。看这句话，不用“说”字怎么修改？出示句子：

妈妈问：“你的作业都完成了吗？”我说：“都完成了，而且写得很认真。”

(教师指名修改，改用“回答”。学生齐读句子)

每次给我布置家庭作业时，妈妈总会说：“这是为你好，多做些练习，对你有好处，没有坏处。”

(教师指名修改，改用“唠叨”。学生齐读句子)

“怎么才考七十分，你到底每天去学校学了什么？”爸爸说。

(教师指名修改，改用“责备”或“训斥”。学生齐读句子)

老师说：“你经过努力，这次考试进步很大。”

(教师指名修改，改用“表扬、夸奖”。学生齐读句子)

14. 小结：你看，不用“说”字，表达更为丰富了。（板书：让“说”丰富起来）

15. 拓展延伸，出示句子：

“为什么？”爸爸显得有些茫然。

——朱奕晨

叔叔为了耍酷，在弯道前向我们挥手，“看我来个漂移！”

——耿肖鸿

16. 学生自由读这两句话。第一句提示语是什么？（爸爸显得有些茫然）第二句的提示语是什么？（叔叔为了耍酷，在弯道前向我们挥手）出示圈出的词语。学生齐读。

17. 提示里有没有表示“说”的词语？（没有，就一个表情，一个动作）

18. 提示语里没有出现表示“说”的词会很精彩，很有立体感。下次有机会我们再来学习。

四、总结

这节课，我们知道了“心想”病，学到了写文章要让人物开口说话，要让“说”丰富起来！

板书设计

记一件亲身经历的事

语气词		让人物开口说话
四字词连用	“心想”病	让“说”丰富起来
对称		

后 记

我非常喜欢这样一句话:教师也是成长中的人。每个人的成长都有自己的密码。演员章子怡说自己的成长有三个"对的":在对的时间,遇到对的人,做出对的选择。教育家李希贵则说自己的成长有三个"关键":关键人物,关键事件,关键书籍。他们所说的都是自己的切身体会,虽然内容与表述都不尽相同,但还是让我们看到了隐含其中的成长密码。的确,每个人只有在追逐梦想的路上不断成长,才能享受那般快乐与幸福!

回想自己的成长之路,想说的第一句话是:尝到了甜味,快乐地行走在勤于动笔的教育生活中!

2002年8月,我正式成为我的母校——盛泽实验小学教师队伍中的一员。站上三尺讲台,我很简单地认为,作为一名教师,就是要上好每一节课,认真批改每一次作业,关注班上的每一位学生。刚开始工作的时候,在学校,我就只知道埋头批作业,埋头手写备课。下课后、放学后抓着后进生背诵课文,盯着他们补作业。夕阳西下才回家,饭后,又开始批改学生的大作文、小作文。就是这样忙忙碌碌,一天又一天,日子过得很快。

有一次,我和当时任学校教导主任的师父何海英聊天。她告诉我有空要多动动笔,写写文章,学校会把优秀的教学论文寄出去参加比赛,还能送出去投稿发表。这时我才恍然大悟,原来教师的世界不能只是围着学生转,还得注重自身的发展。论文?发表?对于我来说既新鲜又好奇,除了写过一篇师范生的毕业论文,我平时哪有写过这么高深的玩意呢?到底要怎么写论文呢?写什么内容合适呢?我真的是一窍不通。于是,我开始借阅书籍,上网阅读别人写的文章。工作的第二个学期,我写了篇期末论文《让课堂沐浴人性的光辉》交给了学校。暑假过去,科教处主任给我送来了一张"教海探航"颁奖的邀请函,原来那篇期末论文被学校选送出去参加"教海探航"征文赛,获得了三等奖。"教海探航"到底是什么活动,当时我并不清楚,只是从办公室其他教师们的解释中,知道这是一个级别很高的论文评比大赛。就这样,2003 年,我意外地收获了一张"教海探航"的奖状,这篇论文作为我的处女作还获得了 2003 年全国"领会新课标,用好新教材"优秀论文评比二等奖和苏州市教育科研优秀论文评比二等奖,并发表于《苏州教育科研》。正如管建刚老师在《我的作文教学革命》一书中所说,他的《三月》发表给了他继续写作的动力,我也是因为这一篇论文获奖尝到了甜头,有了写作的原始动力。

成功的喜悦总是那么有魔力,它召唤着你不断努力,不断前进!认真写教学后记、教学反思,写教研组磨课心得,写听课学习的感受,就是这么工作着,学习着,也动笔写着。有了平时的积累,才有论文写作的素材,才能写成一篇篇论文,积极参加各类征文评比活动。投出去的文章多了,自然获奖的概率也高了。2006 年,我被评为吴江区"教坛新秀";2009 年,我被评为吴江区"教学能手";2013 年,我被评为吴江区"学科带头人"。事实证明,勤奋写作这条路,的确是走得通的。每一次骨干晋升,除了有获奖的课之外,其实更多的还有论文写作上的获奖及发表,毕竟赛课的机会不是常常有,而论文写作,只要你愿意写,肯动笔,机会就把握在自己的手中。2016 年,我获得"苏州市中小学学科带头人"称号;2019 年,我被评上高级教师职称。我想应该是获奖的论文、发表的论文让我占了很大的优势吧。

正是享受到了一次次成功的喜悦,这种幸福感推动着我不断前行,让我永远不满足于停留在这一站,永远期待着下一站会有更美好的风景。在反思自己的教学中写成论文，也在反思中不断提升自己的教学能力，教师得益，也让学生受益，这不得不说是一举两得的美事啊！

回想自己的成长之路，想说的第二句话是：思考实践，快乐地行走在作文教学的路上！

作后讲评，为我的教学之路开辟了另一条阳光大道！很幸运，2010 年，我加入了特级教师管建刚的名师工作室，成为他的第一届工作室成员。如果说在这之前，是自己在语文阅读教学中瞎摸索的话，那么自从加入了管老师的工作室后，我才开始关注学生的作文，积累作文教学的点滴收获。我跟着管老师办班级作文周报，学着管老师上作文周报讲评课。最初办班级作文周报，我是借助“发表”这一形式，借助讲评课上“欣赏”环节中的表扬，激发学生的写作兴趣，让学生不畏惧写作。然而，这么多年下来，办了近三百期作文周报，我从学生的素材本上发现，由于我是不规定题目的，学生的文字中留下了喜怒哀乐，言语中流淌着真情实感。在周报讲评课上，我引导学生感受语言的魅力、构思的巧妙，启发学生的思维，让学生有个性地创意地表达。教着一届又一届的学生，上着每周一次的讲评课，我更清晰地看到了学生作文中所存在的问题。2014 年，我在全国首届新体系作文青年教师教学观摩研讨活动中，执教《作文周报讲评课：学写对话》，荣获特等奖。2018 年，在全国小学作文名师工作室联盟成立大会暨作文名师工作室团队成果展示观摩活动中，执教《我眼中的他》作后讲评课荣获特等奖。我还在江苏省沭阳、溧阳、丹徒等地上作后讲评展示课，受到一致好评。

作后讲评，为我的论文写作积累了实践经验。从让学生自由表达的角度思考，撰写论文《敏化心灵：破解“无话可写”的难题》获 2012 年江苏省“教海探航”征文比赛一等奖，我也获得了年度新人奖。从训练学生的心理描写入手，所写的论文《内心体察：让心理描写别样精彩》获 2013 年江苏省“教海探航”征文比赛二等奖。多期周报讲评下来，我发现，同样讲一个内容用不同的处理方法，会达到不同的效果。于是，我把周报讲评课上用到的教学策略都记录下来，写成了《用文字修饰你的心灵——后作文时代的讲评教学》，获2014年江苏省“教海探航”征文比赛一等奖。2015年，我着眼于学生写好人物语言的分步训练，写了论文《破解言说的秘密——人物语言阶梯式写作例谈》，获江苏省“教海探航”征文二等奖。2019年，基于作后讲评课上所做的训练，写成论文《近迁移训练：作后讲评课上的“一道风景”》获江苏省“教海探航”征文一等奖。自2012年4月起，学校正式任命我为“儿童写作”项目部主任，我带头规划项目组建设方案，儿童写作构想方案，制定中、高年级的写作要求，在吴江区的科研现场会上汇报我这个组的项目建设工作，构思读写结合的分类片段设计等。任务一个接一个，我思考了很多，写了很多，学了很多，也积累了比较多的素材，结合儿童写作课程的体系建构写成论文《让儿童自由而充分地表达——儿童写作课程的实践建构》，获2016年江苏省“杏坛杯素质教育”征文二等奖，论文《儿童生活·儿童视角·儿童语言》在2017年第十五届江苏省“五四杯”教学研究论文评选活动中荣获一等奖。2018年，我所撰写的论文《从意义追寻到智能生长》获江苏省“教海探航”征文一等奖，还获“杰出水手”称号。自2011年至今，共有20多篇论文发表在《江苏教育》《语文教学通讯》《小学教学研究》《小学语文教师》等刊物上。

回想自己的成长之路，想说的第三句话是：人的成长，总要感谢很多人！

一路走来，我觉得自己很幸福，加入了盛泽实验小学这个富有智慧的大家庭，特级教师薛法根、沈玉芬、徐国荣、王晓奕的课堂教学艺术以及对教学和科研不懈钻研的精神感染着我们每一个人；我觉得自己很幸福，学校每学期的“一课三磨”活动，“磨”的是我们对教材的解读、教学活动的设计、课堂上的引导与启发，“磨”的是我们对语文教学的理解与追求的思想。我也觉得自己很幸运，加入了管建刚老师的工作室，感谢管建刚老师，无论是在上讲评课还是在作文教学的路上，有了他的指导与指引，就如一盏明灯照亮我前进的方向，让我少走了很多弯路。感谢管老师写的那些书，阅读这些书籍让我有所顿悟，让我有所启发。还要感谢我一届又一届的学生，因为有了他们的文字，才会有我的思考、我的实践、我的收获。

成长的一路，离不开写作。因为写作，让我更好地认识自我、发现自我。用文字装点教育生活，这样的生活别样精彩！